# ¡CÁLLATE, DIABLO!

# ¡CÁLLATE, DIABLO!

## DESTRUYE LAS 10 MENTIRAS
## DETRÁS DE CADA BATALLA QUE ENFRENTAS

## KYLE WINKLER

**CASA CREACIÓN**
*Para vivir la Palabra*

# Para vivir la Palabra

MANTÉNGANSE ALERTA;
PERMANEZCAN FIRMES EN LA FE;
SEAN VALIENTES Y FUERTES.
—1 CORINTIOS 16:13 (NVI)

 *¡Cállate, Diablo!* por Kyle Winkler
Publicado por Casa Creación
Miami, Florida
www.casacreacion.com
©2022 Derechos reservados

ISBN: 978-1-955682-51-0
E-book ISBN: 978-1-955682-52-7

Desarrollo editorial: *Grupo Nivel Uno, Inc.*
Adaptación de diseño interior y portada: *Grupo Nivel Uno, Inc.*

Publicado originalmente en inglés bajo el título:
*Shut Up, Devil*
Published by Chosen Books
11400 Hampshire Avenue South
Minneapolis, Minnesota 55438
www.chosenbooks.com
© 2021 Kyle Winkler
Todos los derechos reservados.

**Nota de la editorial**: Aunque el autor hizo todo lo posible por proveer teléfonos y páginas
de internet correctos al momento de la publicación de este libro, ni la editorial ni el autor
se responsabilizan por errores o cambios que puedan surgir luego de haberse publicado.

Impreso en Colombia

22 23 24 25 26 LBS 9 8 7 6 5 4 3 2 1

A los que luchan, a los que sufren,
a los débiles, a los caídos... a los humanos.

# Contenido

# Prefacio

Mi intestino se retorció. Mi corazón dio un vuelco. Y mi mente se adelantó a todo lo que pasaría si eso me aterraba. Si Dios permitió que sufriera tanto, ¿significa eso que tendré que soportar todo lo que temo? Aunque he andado con Dios por cuarenta años y tengo un buen registro de sus bondadosas y fieles obras, de repente lo vi no como mi amigo sino como alguien en quien no podía confiar.

¿Cómo llegué a eso?

Fue entonces que escuché el susurro. Sentí la oportunidad de volver a la paz, por lo que pensé: *Oh, Señor, ¿cómo caí en eso otra vez?*

Jesús susurró a mi corazón:

*Mi querida Susie, ¿acaso no sabes que el enemigo es un pésimo consejero? Nunca confiaría en él para darte un mensaje sobre tu futuro. Él es un mentiroso. Eso es lo que es. Eso es lo que hace. El diablo te está provocando para que imagines un futuro en el que yo no esté contigo. Pero tal escenario no existe. Nunca habrá un momento de tu vida del que yo no sea parte. Estoy contigo hasta el final. ¿Y en esta batalla reciente? No hay derrota.*

*Sin embargo, el ataque que te propinó te informó mal. Bajaste la guardia. Olvidaste procesar tu dolor a través del filtro de mis promesas. Olvidaste todo acerca*

*de cómo te ha traído mi amor hasta aquí. Sigues en pie,
mi querida hija. El enemigo no está ganando. Tú eres
la que estás ganando. Puede que te sientas débil, pero
eres fuerte en mí. Es probable que te sientas vencida,
pero todo el cielo está contigo. Puedes sentirte abruma-
da por tus circunstancias pero, en realidad, estás bajo
mi abrigo. Levántate. Declara la verdad. Y afírmala
creyéndola.*

*El enemigo puede ser astuto*, pero también es predecible.
Puede obrar con malas intenciones pero, en cada circunstancia, Dios nos ha equipado para vencer. ¿Por qué, entonces,
tantos cristianos viven por debajo de la condición privilegia-
da que les da su vida espiritual? ¿Por qué tantos viven sin
sentir libertad ni victoria? Porque necesitamos entrenarnos
para enfrentar la batalla. Debemos saber cómo echar fuera al enemigo cuando traspasa nuestra tierra. Necesitamos
conocer cómo callarlo cuando cree que puede hablarnos. Y
necesitamos saber cómo disfrutar del amor de Dios cuando
el caos se arremolina a nuestro derredor.

Por eso me entusiasma el nuevo libro de Kyle, *¡Cállate,
Diablo!* Con la sabiduría bíblica, la neurociencia y su propia
experiencia en la lucha, Kyle te ayudará a destruir las burlas
del enemigo, liberarte de las mentiras que te atan y a vivir
con una fe audaz y sumisa.

Esta será una jornada de sanidad para muchos. En la medida en que decidas ser sincero en cuanto a las mentiras que
asumiste cuando te sentiste desilusionado en la vida, hallarás
una oportunidad tras otra para caminar en nuevos y poderosos niveles de libertad y plenitud.

Lee este libro poco a poco.

Y cambiarás para siempre.

Susie Larson
Animadora radial, autora superventas,
conferenciante nacional

# Agradecimientos

Este libro está lejos de ser el trabajo de mis manos solamente. Es el producto de muchas otras que me sostuvieron de principio a fin con aliento, sabiduría y oración.

Al equipo de Chosen Books, especialmente a Jane Campbell, David Sluka y Kate Deppe: Gracias por creer en este proyecto y en mí. ¡Les agradezco su apoyo por la oportunidad que me brindaron para alcanzar a la gente!

A mi editora, Lori Janke: Gracias por el trabajo que hiciste con mis palabras; mejoraste este mensaje.

A los compañeros de Ministerios Kyle Winkler: No podría haber terminado este proyecto sin su generosidad y sus oraciones. Cada uno de ustedes comparte la recompensa de las vidas bendecidas a través de este libro.

A Susie Larson: La gracia de tu voz ha moldeado notablemente mi estilo y mi historia. Me siento honrado por tu contribución a este libro y te agradeceré eternamente por la sabiduría que impartiste en él.

A mis amigos más cercanos: Josh, Chandra, el Dr. Jim y Leo: Gracias por contestar siempre el teléfono y responder mis mensajes de texto. A su manera, cada uno de ustedes ayudó a desarrollar mis ideas, motivándome cuando me cansaba y manteniéndome juicioso en la agonía de la escritura.

Para finalizar, a mi familia: Su apoyo ha hecho más para silenciar al diablo en mi vida que lo que nunca podrían imaginar.

¡Muchas gracias!

# 1

# El calumniador

Cuando imaginas un león, ¿qué viene a tu mente?

Por mi parte, visualizo el torso fuerte, gigante y felino de una bestia cubierta con un pelaje color canela y que se mueve con un arrogante pavoneo. Veo su expresión facial inquebrantable, forjada por una mirada estoica y unas enormes fauces, todo eso rodeado por una tersa melena color pardo rojizo. Me estremezco al pensar en su bostezo al estirar la mandíbula y exponer sus cuatro dientes caninos de siete centímetros. Casi puedo oír su rugido que hace estremecer la tierra.

Pensar en encontrarse con una bestia de tales proporciones en la naturaleza es suficiente para que la mayoría de nosotros sienta un miedo aterrador y paralizante. Pero aquellos familiarizados con la conducta del león, como sus pares en el reino animal, saben que detrás de ese exterior feroz hay una buena razón para no temer. El león tiene un corazón y unos pulmones relativamente pequeños en comparación con el resto de su cuerpo. Lo que eso significa es que es un corredor extraordinariamente ineficiente. De hecho, el león es considerado uno de los corredores más lentos del reino animal. Aun cuando puede alcanzar hasta ochenta kilómetros por hora, solo puede hacerlo en trayectos cortos. El león, simplemente, no tiene mucha resistencia.[1]

Ser velocista, más que corredor de maratón, afecta la forma en que el león caza. Cuando se encuentra con una de sus comidas favoritas, como un ñu, una cebra o un antílope, no puede lanzarse tras ella al momento. Cualquiera de esos animales probablemente lo dejaría atrás a la larga. Así que acecha.

Más adelante en este capítulo, trataré los detalles de lo que hace un león cuando decide atacar. Pero quizás te estés preguntando por qué estoy detallando la biología y los comportamientos de ese felino. ¿Qué tiene que ver el león con callar al diablo? Tiene que ver todo.

## ¡Mantente alerta!

Escribiendo a los cristianos cansados de la batalla, el apóstol Pedro advirtió: "Practiquen el dominio propio y manténganse alerta. Su enemigo el diablo ronda como león rugiente, buscando a quién devorar" (1 Pedro 5:8).

Como ocurre con todas las ilustraciones de la Biblia, la comparación del diablo con un león —que hace el apóstol Pedro— no es una coincidencia. Es algo estratégico y sagaz. Pedro escribió esto en un tiempo en que los leones salvajes vagaban por muchas partes del Medio Oriente. Aun cuando la mayoría de nosotros solo conocemos a esos felinos por lo que vemos en la televisión o en cautiverio en los zoológicos, Pedro y sus lectores originales estaban familiarizados con el comportamiento de esas bestias en su hábitat natural. Para ellos, el león no era una criatura extraña ni incluso mítica; al contrario, era una amenaza muy real de la que debían estar siempre atentos. Pedro advirtió a sus lectores que el león al que se refería era como el diablo.

Al comenzar a escribir sobre cómo hacer callar al diablo, comprendo que escribo en un momento en que se debate la idea misma de la existencia de ese ser. En la actualidad, el auge del secularismo ha minimizado muchos de los problemas con los que luchamos convirtiéndolos en simples productos de la ciencia y la psicología, dejando poco o ningún espacio para explicaciones o soluciones espirituales. Sin embargo, no me malinterpretes. No soy de los que ven al diablo en todo. Pero me preocupa que el aspecto espiritual de nuestras luchas —desde la ansiedad, el miedo, la depresión, la inseguridad, las ofensas, etc.— no esté completamente representado. Demasiadas personas sufren, padecen, sin soluciones efectivas. Creo que eso se debe a que nos da miedo hablar del enemigo en cierto grado, sea porque lo consideremos un mito, algo no digno de nuestra atención o temamos que mencionarlo no sea alentador o positivo.

Lo cierto es que no deseamos darle demasiado crédito al enemigo, ni queremos manifestar —en ninguna manera— una sensación que genere paranoia o miedo en las personas que nos rodean. Eso no lo encontrarás en este libro. Al igual que el león, detrás la aterradora apariencia del diablo hay alguien que no es tan pavoroso. Aunque parezca increíble, eso es lo que el profeta Isaías reconoció cuando vislumbró al enemigo. Por eso exclamó: "Los que te ven, te clavan en ti la mirada y reflexionan en cuanto a tu destino: '¿Y este es el que sacudía a la tierra y hacía temblar a los reinos'" (Isaías 14:16). Cuando veas al diablo como realmente es, te aseguro que dirás lo mismo. Precisamente por eso necesitamos hablar de él, al menos ocasionalmente. La gente no debe tener miedo. La gente debería verlo por lo que realmente es: un enemigo astuto, pero derrotado.

## El rugido

Siguiendo la advertencia del alerta constante, Pedro da una descripción de la obra que hace el enemigo. Está toda envuelta en una sola palabra. Un solo nombre, en realidad: *diablo*.

Así como cuando escuchaste la palabra *león*, ciertas imágenes aparecieron en tu mente, ocurre lo mismo cuando lees la palabra *diablo*. Lo más probable es que hayas pensado en una criatura roja con cuernos negros y una cuerda —en forma de horca— en la mano. Tal vez lo imaginaste orquestando todo el mal del mundo desde su comando central en el infierno.

Sin embargo, para los lectores del tiempo del apóstol, la palabra *diablo* significaba algo específico acerca de la manera en que él actuaba contra ellos; y, por supuesto, también se refiere en este tiempo a la forma en que opera contra nosotros. Eso se debe a que el nombre diablo en griego es *diabolos*, que significa *"calumniador"*.[2]

Estoy casi seguro de que has escuchado esa palabra antes. *Calumnia* es "la acción o delito de emitir una declaración falsa que perjudica la reputación de una persona".[3]

En otras palabras, calumniar a alguien es decir una mentira no solo a alguien, sino también *acerca* de alguien con el propósito de dañarlo o perjudicarlo. Quizás esto se vea más en el mundo de la política, en el que un oponente hace una afirmación vejatoria sobre su rival para que otros puedan verle negativamente.

Cuando estudiaba en la universidad y poco después, trabajé en algunas campañas políticas de alto perfil. He visto funcionar este juego con demasiada frecuencia. La afirmación no tiene que basarse en ninguna verdad. La simple acusación es suficiente para que la gente se detenga a pensar en lo que se ha dicho. Y eso es lo que el diablo también considera hacer contigo.

Creo que por eso Pedro compara al enemigo con un león rugiente. Los expertos en vida silvestre sostienen que la mayoría de los rugidos de un león son simulaciones cuyo único propósito es intimidar a su víctima o confirmar su poder.[4]

Sin embargo, más allá del eco y el volumen, el rugido en sí tiene poca sustancia.

Es lo mismo que ocurre con la calumnia del enemigo. El diablo siempre está gritando, recordándote tus faltas, fracasos e insuficiencias. Aun cuando sus acusaciones pueden ser, en realidad, susurros o pensamientos molestos que solo tú eres capaz de escuchar, pueden reverberar como rugidos en tu mente hasta que te acobardes ante ellos.

Lo que necesitas saber es que los rugidos del diablo, si bien pueden estremecerte hasta la médula, no tienen absolutamente ningún valor. Eso se debe a que, como cristiano que eres, estás en Cristo. En el momento en que le dijiste sí a Jesús, la Biblia asegura que te convertiste en una nueva persona que se define por el carácter de él: "¡Lo viejo ha pasado, ha llegado ya lo nuevo!" (2 Corintios 5:17). Esto significa que, incluso, si una acusación contra ti contiene algo de verdad acerca de un hecho que hayas cometido en el pasado, no tiene nada que ver con la persona que eres hoy. ¡Porque para Dios eres una nueva creación!

La frase *en Cristo* lleva implícita una notoriedad extraordinariamente amenazante para el diablo. Porque las personas que creen que su pasado se ha ido, que son hechos nuevos y justificados por medio de Dios, tienen una confianza y un valor inquebrantables para seguir el plan de Dios para sus vidas. Se arriesgan a lo que sea para seguir la voluntad de él.

De modo que el diablo no es tan poderoso como quiere que tú creas. Él no puede destruir tu reputación, no te la puede quitar. Tampoco puede separarte del amor de Dios (ver Romanos 8:38). Sin embargo, la calumnia que difunde sobre ti está hecha de mentiras y acusaciones que pueden hacerte creer algunas cosas horribles que afecten negativamente cada área de tu vida.

¿Alguna vez has escuchado alguna de las siguientes declaraciones?

- Eres un fracaso.
- Nunca serás lo suficientemente bueno.
- Eres imperdonable.
- Eres desagradable.
- Eres una persona horrible.
- No eres cristiano.

Estos son solo algunos de los calumniosos rugidos del diablo. Lo que los hace tan peligrosos es que podrías creer que son ciertos. Como dicen por ahí, lo que piensas sobre algo es más importante que los hechos. Así es como funciona: si crees que eres un fracaso, nunca te arriesgarás. Si piensas que eres imperdonable, estarás atado por la vergüenza y un espíritu depresivo. Si crees que no puedes ser amado, te abstendrás de tener relaciones significativas y así sucesivamente. Lo que crees influye en tu comportamiento. Conozco el poder de eso porque esa fue mi historia. Por alguna razón, en mis primeros años de educación primaria, siempre me sentí como un extraño. Ese sentimiento me mantuvo muy débil, tímido e inseguro durante la mayor parte de mi infancia. Y eso no era en vano, nadie quería ser amigo del niño que no hablaba. Y mi patética habilidad atlética también atraía las risitas y los insultos por los que se conoce a los niños.

Baste decir que, en mis primeros diez años de vida, mi reputación de marginado y rechazado se consolidó, al menos, en mi mente. E incluso después de convertirme en cristiano, el enemigo usó todos esos viejos identificadores para impedir que recibiera las bendiciones y el llamado de Dios a mi vida.

A lo largo de este libro expondré más de mi historia pero, hasta que descubrí lo que les estoy enseñando —esencialmente— mi cotidianidad la limitaban las mentiras. Y no quiero que eso también te ocurra a ti. No quiero que pases un día más siendo rehén de la desesperanza, la condena, la vergüenza o la miríada de otras batallas que podrías estar enfrentando. Es por eso que me apasiona tanto alertarte sobre los planes del enemigo.

## El acecho

Siguiendo con la advertencia de Pedro, volvemos a su analogía con el león. En este punto, debo señalar que Pedro no compara al diablo con un león propiamente dicho. Es decir, no dice que el diablo es un león. Lo que dice es que "el diablo *ronda* [asecha] *como* león rugiente". En otras palabras, el diablo caza como un león. Eso dice mucho acerca de la manera en que el enemigo nos persigue.

Como ya mencioné, el pequeño corazón y los pulmones del león, en relación con el tamaño de su cuerpo, implica que no tiene la resistencia suficiente para perseguir a su presa por mucho tiempo. Eso cambia la forma en que caza. Así que, en vez de lanzarse al ataque en el momento, el león estudia y acecha a su presa. A partir de su escrutinio a lo largo del tiempo, el león conoce los comportamientos, debilidades y hábitos comunes de sus víctimas. Luego, crea un plan de ataque que incluye cómo y cuándo atacar.

Por lo general, el león realiza la mayor parte de su ataque durante la noche, al amparo de la oscuridad. Su pelaje bronceado le proporciona un camuflaje natural que combina su cuerpo —de casi dos metros de largo y 180 kilogramos— con su entorno. Junto con su agudo sentido del olfato y su excelente visión nocturna, es capaz de ser lo suficientemente engañoso, arrastrándose poco a poco hacia su presa, inadvertido por completo.

A estas alturas, algunas comparaciones espirituales deberían ser obvias. Hagamos una pausa para considerarlas.

Sabemos que el diablo es astutamente engañoso. La gente no cae en sus tentaciones y sus mentiras porque sería obvio. No, como revela la Biblia, a veces se disfraza de ángel de luz (ver 2 Corintios 11:14). De esa forma, utiliza argumentos astutos, verdades a medias y una lógica aparentemente razonable para convencer a la gente de sus falsedades. En el próximo capítulo, exploraremos la forma astuta en que logra esto.

Aun así, sin embargo, muchas veces el diablo permanece oculto por completo, trabajando con sus artimañas tras escenario y esperando el momento oportuno para atacar. Al igual que el león, elabora su plan en cuanto a cómo y cuándo atacar basándose en lo que ha estudiado sobre tu vida.

Para determinar cómo atacar, el enemigo no mira más allá de nuestras debilidades. Por supuesto, estas incluyen patrones repetitivos de pecados pasados o actuales. Pero nuestras debilidades no siempre tienen que ser pecaminosas. A veces, una debilidad puede ser algo que no elegimos por nosotros mismos, como una peculiaridad de la personalidad o una discapacidad física. Una debilidad puede ser una lucha emocional como la ansiedad o la depresión. Nuestras debilidades también pueden incluir las etiquetas que se nos adhirieron si otros dijeron palabras hirientes acerca nosotros. Sea como sea, todos tenemos algo que nos debilita.

Saber cómo atacar es una cosa, pero el momento adecuado es crucial para el éxito de cualquier asalto. Por sus indagaciones, el enemigo sabe cuándo eres más vulnerable. Tus tiempos de sensibilidad pueden incluir momentos de estrés, decepción, ira, soledad o agotamiento. El enemigo recopila toda esa información mientras que la mayoría de nosotros las desconocemos por completo. Por eso Pedro instruye que nos mantengamos alerta. El diablo acecha silenciosamente alrededor de cada uno de nosotros camuflado en la vida cotidiana y esperando dar su próximo paso.

## El ataque

Una vez que el león escoge su objetivo, ataca de manera reveladora en relación con nuestras batallas. Por lo general, procedente de un ángulo que su víctima no puede ver, el felino usa sus poderosos lomos traseros para lanzarse en dirección a su presa. Tomada por sorpresa, esta tiene poco o ningún tiempo para defenderse antes de que los 180 kilogramos caigan sobre ella. Pero, para sorpresa de la mayoría, el león no mata aplastando ni devastando. No, él apunta a la cabeza con sus garras.

Cuando el león alcanza la cabeza de su objetivo, no mata a su víctima inmediatamente. Primero, juega con él, aunque de una manera tortuosa. Con sus fuertes garras y dientes afilados como navajas, el león muerde, pincha y golpea a su víctima, a veces durante diez minutos o más. Pero finalmente, para terminar con todo y asegurar su comida, lo aferra por la boca. Su víctima muere por asfixia.[5] ¿Ya entiendes los paralelismos entre el comportamiento del león y el del diablo? ¡La comparación es muy elocuente! Una vez que el diablo determina su plan de ataque, se lanza tras tu cabeza, no literalmente, por supuesto. Sin embargo, espiritualmente, el enemigo busca lo que tu cabeza representa: tu mente.

## La mente

La mente es el centro de control del resto de nuestras vidas. Forjada por nuestros pensamientos, afecta la forma en que vemos e interpretamos las cosas. Dicta nuestros comportamientos. Es la base de nuestras creencias y puede determinar nuestro futuro. Una cita popular lo expresa de esta manera: "Cuida tus pensamientos; se convierten en palabras. Cuida tus palabras; se convierten en acciones. Cuida tus acciones; se convierten en hábitos. Cuida tus hábitos; se convierten en carácter. Cuida tu carácter; se convierte en tu destino".[6]

De manera similar, la Biblia habla a menudo sobre el poder de la mente para influirnos positiva o negativamente. Por eso instruye lo siguiente: "Cuida tu mente más que nada" (Proverbios 4:23 DHH) y vincula la transformación personal con la instrucción de Pablo que dice: "cambien su manera de pensar" (Romanos 12:2 DHH).

Una sola noción que se deja caer en la mente tiene la capacidad de levantarnos, pero también puede derribarnos y definirnos negativamente. Un poco de lástima puede invadirte hasta que te ves a ti mismo hecho un lamento. Una semilla de miedo se planta como un parásito, deslizándose a través de ti para paralizarte con dudas e interrogantes y cuestiones como qué pasa si. Indudablemente, como continúa Proverbios 4:23 NTV, la mente "determina el rumbo de tu vida". Con tanta influencia que ejerce, no es de extrañar que el diablo la persiga primero.

## La boca

El objetivo final del enemigo no es jugar con tu mente. Esta acción es solo el medio para llegar a lo que realmente busca, que es tu boca. Aquí, insisto, no estoy hablando literalmente. Me estoy refiriendo a lo espiritual. En la Biblia, la boca es mucho más que lo que usas para comer. Tu boca simboliza tus palabras que, a su vez, representan tus creencias sobre ti mismo. Jesús lo expresó de esta manera: "El que es bueno, de la bondad que atesora en el corazón produce el bien" (Lucas 6:45). Como investigaremos en los próximos capítulos, tu corazón caracteriza la persona que eres. Es tu identidad.

Debes entender que el enemigo no ataca simplemente por diversión. Él no se siente satisfecho con atormentarte únicamente ni con solo causarte dolor y pena. No, el diablo quiere llegar a tu corazón. Él trabaja para que cuestiones todo lo que Dios dice acerca de ti, con el fin de que no le creas. Si puede hacer eso, no representarás ninguna amenaza para él.

Recuerda lo que él es: un *calumniador*. El resultado final de su calumnia es lograr que concuerdes con sus mentiras aceptándolo. Si puede influenciarte para que digas: "Soy _____" (llena el espacio en blanco con cualquier definición negativa), entonces efectivamente ha puesto su mano sobre tu boca.

Insisto, esa es mi historia. Después de años de rechazo, llegué a creer que yo era un rechazado, un fracaso total. Además de los inquietantes recordatorios que me hacía el enemigo en cuanto a los pecados pasados y a las luchas presentes, en mis primeros años de adulto, llegué a creer que me había convertido en alguien extraviado. Por supuesto, cuando fui llamado al ministerio, casi no presté atención al llamado de Dios. Casi mantuve la boca cerrada. Todo ello porque los años que el enemigo operó —de manera encubierta— en mi mente, me llevaron a creer que Dios no podía usarme. Estoy seguro de que tu propia historia fue lo que te guio a este libro. El enemigo asalta nuestras mentes en formas que son únicas para cada uno de nosotros, con el objeto de tener acceso a nuestras bocas y dañar lo que creemos que somos.

## No temas

A estas alturas, espero que lo que has explorado acerca de la manera en que actúa el enemigo —como un león— no te haya asustado. Anhelo que te haya alertado a las realidades de lo que podría estar detrás de algunas de tus batallas. Pedro no hizo esta analogía para despertar el miedo en nosotros sino para prevenirnos en cuanto a los planes del diablo con nuestras vidas. Lo hizo para que pudiéramos cerrar esos esquemas, ¡y bloquearlo a él!

Recuerda, detrás de las imágenes feroces y siniestras que llenan nuestra imaginación, el enemigo es —en realidad— alguien a quien el profeta Isaías se refirió como bastante insignificante. Claro, su rugido puede sonar fuerte, pero para alguien en Cristo, sus acusaciones son vacías. Sus ataques pueden ser repentinos y fuertes, pero no tiene la resistencia que lo haga durar para siempre. ¡Puedes vencerlo! Lo vencerás en cada mentira que lance, ¡en cada batalla que enfrentes! Te mostraré cómo.

Sin embargo, antes de llegar allí, necesitamos explorar más de cerca la mente, que es el patio de recreo del diablo. Al comprender exactamente lo que hace allí, podrás crear un plan de batalla personal contra él. Cuando estés listo, acompáñame al capítulo 2.

## Oración

*Padre, al comenzar este libro, guíame dócilmente para que sea consciente de la obra del enemigo en mi vida. A exponer las mentiras que he creído y cómo han influido en cada parte de mí. De ahora en adelante, ayúdame a discernir rápidamente cualquier sensación, pensamiento o palabra que represente una amenaza para tu plan con mi vida. En el nombre de Jesús, Amén.*

## Preguntas de reflexión

1. ¿Qué esperas obtener de este libro para estar satisfecho con él cuando llegue al final?
2. ¿Cuáles son algunas de tus batallas constantes, ya sea emocional o conductualmente?
3. ¿Cómo podrían estar arraigados esos problemas a la obra del enemigo?
4. ¿Qué mentiras te ha dicho el enemigo?
5. ¿Cómo han influido esas mentiras en tu vida cotidiana?

# 2

# La estrategia secreta contra tu mente

Desde que tiene memoria, Sarah soñaba con inspirar a otros a través de la escritura. Apreció la sanación que recibió de la cantidad de libros cristianos que había devorado durante las primeras décadas de su vida, y quería retribuir el apoyo a los demás. Como nunca obtuvo una calificación inferior a la mejor que se otorgaba —"A"— en todas sus clases de inglés y literatura, Sarah pensó que tenía la habilidad técnica para ello. A menudo recibía elogios entusiastas por parte de maestros, amigos y familiares con respecto a sus trabajos, saludos con tarjetas de felicitación y publicaciones en las redes sociales. Debido a ello, se sintió lo suficientemente capacitada para hacer ese trabajo.

Al fin, a mediados de sus treinta años, Sarah decidió arriesgarse y escribir su propio libro. Pero cada vez que abría un nuevo documento en su computadora portátil, se sentaba y miraba fijamente el cursor parpadeante recorriendo la página en blanco. No era que su mente estuviera vacía. Era que estaba llena de razones de por qué no podía o, incluso, de por qué no debía hacerlo.

A Sarah la plagaban los recuerdos de las veces que fracasó. Recordó las fallas personales y morales que la hicieron sentir inservible para Dios, pero también pensó en las decepciones que sentía como fracasos, por pequeños que fueran. Un ejemplo de ello fue cuando se sinceró de corazón en una publicación sucinta para que solo le gustara a cuatro de sus 1.028 amigos de las redes sociales. Luego vino el temor de que nadie leyera lo que había escrito. No podía desechar la idea de que alguien mucho más popular ya hubiera escrito sobre ese tema. ¿Por qué alguien iba a leer lo que una sin nombre como ella tenía que decir?

Y como si eso no fuera suficiente, Sarah empezó a luchar con sentimientos de culpa, por dedicar tiempo a escribir. Con un esposo y dos hijos en edad escolar primaria, luchaba con pensamientos que la hacían sentir como una mala madre y peor esposa. *Deberías pasar más tiempo con los niños*, escuchaba en su cabeza. *O al menos realizar un trabajo que contribuya con los gastos del hogar.* Con todos esos pensamientos repercutiendo en su mente, Sarah luchaba contra los sentimientos de insuficiencia, inseguridad, miedo y depresión.

Cuando pensamos en la manera en que el diablo habla, la mayoría de nosotros lo asociamos con cosas dramáticas que son descaradamente inmorales o destructivas, como "tener una aventura" o "terminar con tu vida". Pero cuento la historia de Sarah para demostrar cuán sutilmente actúa el enemigo en la vida cotidiana. ¿Recuerdas el capítulo anterior acerca de la analogía de cómo el diablo —cual león que se camufla en su entorno— se oculta en medio de tus rutinas usuales? Él juega en tu mente con cierto sentido común, pensamientos y nociones razonables y aparentemente sabios. Con el tiempo, sin embargo, esas nociones funcionan para convencerte de algo negativo, por lo general algo que es inútil, sin valor, desagradable o imperdonable, todo para mantenerte en una rutina normal, para evitar que persigas tus sueños o para que renuncies a tu vocación o a tu llamado.

Eso fue lo que experimenté cuando Dios me llamó a dar un paso avante en mi ministerio. Apenas un mes después de que decidí seguir la instrucción de Dios, me desperté con un desbordamiento de acusaciones que estremecieron mis cimientos. Primero, los recuerdos de cada pecado que cometí —desde algo tan básico como aprender a ir al baño—, me inculcaron el temor de que no era lo suficientemente perfecto para que Dios me usara. De modo que, todas las hirientes palabras de rechazo que se habían dicho sobre mí —a lo largo de los años— me provocaron una inseguridad que me hizo dudar si sería aceptado en el ministerio o no. Finalmente, algunas batallas actuales salieron a la superficie, sugiriendo que Dios no podía usar a alguien que luchaba con tales cosas. Después de días combatiendo eso, comencé a creer lo que estaba escuchando: debía renunciar y dedicarme a otra cosa.

Lo que hizo que eso fuera tan convincente fue que todo lo que escuché era cierto. Como en la historia de Sarah, los recordatorios eran —realmente— sobre acontecimientos sucedidos. Los temores procedían de palabras que, en verdad, se dijeron. Y las sugerencias también se basaban en algo razonable. Ninguna de las acusaciones eran mentiras descaradas. Pero eso es precisamente lo que hace que la obra del enemigo sea tan encubierta y engañosa. El diablo dice la verdad para sus fines.

## Cuando el diablo te dice la verdad

A menudo pensamos en el diablo como un mentiroso. Y claro que lo es. Jesús se refirió a él como "el padre de la mentira" (Juan 8:44). Pero no seamos ingenuos. El enemigo ha estado perfeccionando sus habilidades desde el principio de los tiempos. Incluso en el jardín del Edén, aunque era bastante nuevo en el trabajo, fue lo suficientemente astuto como para convencer a la primera pareja para que desobedeciera a Dios. Por eso creo que es razonable suponer que solo se ha vuelto más astuto.

Como ves, el objetivo del enemigo es convencerte de una mentira con un propósito dañino, lo cual desarrollaré a lo largo de este capítulo. Pero para elaborar una mentira, empieza con una verdad. Esa es su estrategia. Sería demasiado obvio si saliera y dijera algo como: "Vas a fallar", sin nada que lo respalde. De modo que elabora un caso para forjar la mentira de que vas a fallar usando evidencia real de tu pasado y tu presente.

El apóstol Pablo nos da una idea en cuanto a la estrategia del diablo. Al escribir acerca de cómo participar en la batalla contra los esfuerzos del enemigo en nuestras mentes, Pablo nos instruye a destruir "argumentos y toda altivez que se levanta contra el conocimiento de Dios, y [que llevemos] cautivo todo pensamiento para que se someta a Cristo" (2 Corintios 10:5). En el próximo capítulo, exploraremos cómo usar eficazmente el enfoque de Pablo contra el enemigo pero, por ahora, concentrémonos en lo que el apóstol dice que el diablo usa contra nosotros: argumentos y toda altivez. Estos son los componentes básicos de sus mentiras.

### Argumentos

Todos sabemos lo que es un argumento. Es una forma de presentar evidencia para persuadir la opinión de alguien. Es lo que hacemos todo el tiempo con nuestros amigos y seres queridos. Es algo así como: "Deberías hacer esto o creer de esta manera debido a que _____".

Sin embargo, en el idioma en que Pablo escribió originalmente, el vocablo *argumento* es un concepto mucho más intenso que lo que leemos hoy en nuestras traducciones al español. La palabra griega para *argumento* es *logismo*.[1] Si observas detenidamente el término, puedes discernir el vocablo español que deriva de *logismo*. Sí, adivinaste: *lógica*, estás en lo cierto.

Lógica incluye diversas declaraciones basadas en hechos que también podrían llamarse razón, racionalidad o sentido común. Todos esos parte de lo que Pablo dice que el enemigo usa contra nosotros. Aunque, por supuesto, están lejos de lo que consideraríamos o reconoceríamos como mentiras. Y eso es así porque no son mentiras. Los argumentos que el enemigo trae a nuestra mente incluyen evidencia de cosas que hicimos, que se dijeron sobre nosotros, sobre lo que realmente sucedió o algo que enfrentamos en el presente. En pocas palabras, los argumentos del enemigo incluyen la verdad. Por eso puede que suenen como lo que sigue:

- "Eras un drogadicto".
- "Eras adicto a la pornografía".
- "Te despidieron de ese trabajo".
- "Eres muy tranquilo".
- "Nadie te quiere en la escuela".
- "Tu padre te llamó fea".
- "Estás divorciado".
- "No estás casado".
- "No tienes hijos".
- "Tus hijos no te quieren".
- "No estudiaste en la universidad".
- "Tienes sobrepeso".
- "No tienes suficiente dinero".

Esas frases, obviamente, son solo una pequeña fracción de las cosas que escuchamos sobre nosotros mismos, pero bastan para que entiendas la idea. Cuando escuchas uno de esos argumentos, a menudo capta tu atención puesto que es cierto. Y te lleva a pensar: "Sí, hice eso. Sí, así fue. Yo soy eso. Siento eso. Lucho con eso". Es entonces cuando el diablo lleva a cabo su engaño.

### Interpretaciones

La mayoría de nosotros estamos tan atrapados por la retahíla de evidencias en contra nuestra que aceptamos como verdad —automáticamente— lo que el enemigo nos insta a hacer: *interpretar*. Él trata de explicar qué significan esas cosas sobre lo que nosotros somos y cuál es nuestra situación. Volviendo a 2 Corintios 10:5, es posible que te preguntes: "¿Dónde habla ahí de interpretación?". Después de todo, el versículo dice: "Destruimos argumentos y toda altivez...". Otras versiones de la Biblia llaman a eso altanería (DHH), muralla (NBV) u obstáculos (NTV). Todas estas son palabras que describen una opinión o interpretación de la evidencia. Esto es lo que hacen los fiscales acusadores en los tribunales. Nunca presentan evidencia solo por el hecho de presentarla. No, ellos siempre tienen un propósito, que es convencer al juez y al jurado de su interpretación en cuanto a lo que significa la evidencia. Por lo general, señalan al culpable. En el caso de nuestras batallas espirituales, el diablo es el acusador y tú eres el juez.

Me detendré aquí por un momento. Tal vez te estés preguntando: "¿No es Dios el único juez?". Sí, Dios es el juez supremo. Y como cristiano, ya te ha juzgado en Cristo como digno, aceptado y justo delante de él. El enemigo no puede convencer a Dios de algo que él ya ha decidido, no importa cuánta evidencia presente.

Además, Dios te ha dado algunas promesas extraordinarias como, por ejemplo, que siempre está contigo, que te ama incondicionalmente y que provee para tus necesidades. Sin embargo, el diablo tampoco puede convencer a Dios para que cambie de parecer. Pero lo que sí puede hacer —y, de hecho, lo intenta— es convencerte a *ti* de que eso no es cierto, pero precisamente de eso es de lo que se tratan sus juegos mentales.

Usando evidencia real del pasado, o del presente, el diablo trabaja para convencerte de algo en cuanto a lo que crees no tener esperanza alguna, ya sea en tu futuro o en tu situación actual. A continuación veremos cómo podrían lucir las interpretaciones de él acerca de los argumentos que mencioné anteriormente:

- "Eras un drogadicto; *por lo tanto*, nadie va a confiar en ti jamás".
- "Eras adicto a la pornografía; *por eso*, eres demasiado sucio para que Dios te use".
- "Te despidieron de ese trabajo; *por ende*, no eres lo suficientemente bueno para esa carrera".
- "Eres un conformista; *por ello*, no tienes la personalidad adecuada para tener éxito en ese rol".
- "Nadie te quería en la escuela; *por lo tanto*, nadie te aceptará nunca".
- "Tu padre te llamó feo; *por eso*, nadie te amará jamás".
- "Estás divorciado; *por ende*, nadie te querrá".
- "No te has casado; *por ello*, debe haber algo mal contigo".
- "No tienes hijos; *por lo tanto*, no eres bendecido por Dios".
- "Tus hijos no te quieren; *por eso*, eres un mal padre".
- "No estudiaste en la universidad; *por tanto*, no eres lo suficientemente inteligente para triunfar".
- "Tienes sobrepeso; *por ende*, no eres atractivo".
- "No tienes suficiente dinero; *por lo tanto*, no eres nadie".

¿Ves cómo cada una de esas declaraciones incluyen tanto un hecho como una interpretación sobre lo que eso significa para ti? ¿Ves lo astuto que es? Al usar algo que realmente sucedió, se dijo de ti o está presente en tu vida, el diablo se mueve rápidamente hacia la esfera de la fatalidad hipotética, a menudo sin que lo notes. Él usa la inseguridad, el miedo, la culpa, la vergüenza, la depresión y cualquier otra emoción negativa que puedas enfrentar.

## Imágenes, sonidos y sentimientos

Tal vez todo esto luzca sencillo y fácil de detectar. Debo advertirte, sin embargo, que en la vida cotidiana, las mentiras del enemigo casi siempre se realzan con imágenes, sonidos y sentimientos que refuerzan enormemente su evidencia y nublan tu buen juicio. Una cosa es escuchar algo en tu mente, pero es otra más convincente cuando realmente lo ves, lo escuchas o lo sientes.

Pienso en un momento en que a algunos amigos y a mí nos asaltó el miedo mientras caminábamos por un sendero que conducía a un bosque en el norte de Florida. A solo unos minutos de la puesta del sol, quedaba suficiente luz del día para ver poco menos de un kilómetro antes de que el camino desapareciera en la oscuridad. Sin un mapa que indicara su longitud o dónde terminaba, el camino nos era desconocido; sin embargo, pensamos que sería una aventura tranquila. Así que nos adentramos en lo desconocido.

Con cada minuto que pasaba, el sol se hundía más en el horizonte hasta que la oscuridad total impregnó el bosque. A medida que nos internábamos en el sendero, una espesa cortina de ramas de árboles agregó intranquilidad a nuestra expedición. El misterio era apremiante. Después que nuestra visión se adaptó a la niebla, el oscuro bosque de Florida presentó una belleza diferente a las habituales playas bañadas por el sol.

Casi un kilómetro adentro, todavía no teníamos idea de a dónde conducía el sendero ni de cuánto tiempo más estaríamos en él. Tampoco sabíamos qué estaba creando el susurro repentino que se oía entre la maleza a solo unos metros de distancia.

Fue entonces cuando un amigo preguntó: "¿Sabías que se han visto osos en los vecindarios de esta área?". Con esa pregunta, inmediatamente recordé una foto en las redes sociales de un oso saltando la cerca de alguien no muy lejos de donde estábamos caminando.

Esa sola mención cambió todo al instante. ¡Mi ritmo cardíaco se aceleró! A partir de ese momento, cada chasquido de cualquier rama o el crujir de las hojas lo interpretamos como un animal feroz que merodeaba para devorarnos.

El camino resultó ser bastante corto, apenas un kilómetro. Lo hicimos bien. Y como era de esperar, los sonidos siniestros del bosque no se materializaron en ningún oso. Es probable que fueran los ecos de los saltos de conejos y el viento. Sin embargo, como ilustra mi historia, no se necesita mucho para que una situación se convierta en ansiedad o pánico total, especialmente cuando se combina con sonidos y sentimientos muy reales.

Como dije antes, las artimañas del enemigo no son nada nuevo. Él ha estado usando esas tácticas contra el pueblo de Dios desde el principio. Esas estrategias casi convencieron al pueblo de Israel de que detuviera su búsqueda de la Tierra Prometida. ¿Conoces la historia?

Cuando Dios liberó a su pueblo de la esclavitud de los egipcios, lo hizo con la promesa de guiarlos a su propia tierra, un país llamado Canaán. Esa tierra iba a ser un lugar fértil y próspero en el que podrían disfrutar a Dios y adorarlo para siempre.

El viaje de Israel, cuando salieron de Egipto hacia Canaán, tomó mucho más tiempo del que debía. Pero esa es otra historia. Lo que sucedió, a punto de alcanzar lo prometido, es el foco de esta lección. A medida que se acercaban a Canaán, Dios instruyó a su líder —Moisés— para que enviara doce hombres a explorar la tierra (ver Números 13).

Después de cuarenta días de exploración, los hombres regresaron con algunos datos. Confirmaron cuán hermosa y abundante era la tierra. También trajeron muestras de sus frutos. Luego revelaron algo más: "Pero el pueblo que allí habita es poderoso, y sus ciudades son enormes y están fortificadas. Hasta vimos anaquitas allí" (Números 13:28).

El hecho real de que había poderosos gigantes en su Tierra Prometida eclipsó todo lo positivo que habían visto. También parecía que nubló sus mentes, haciéndolos olvidar las promesas de Dios. La gente se estremeció ante la *interpretación* de lo que significaba esa realidad. Y, al menos diez de los doce hombres, estuvieron de acuerdo con eso: "No podremos combatir contra esa gente. ¡Son más fuertes que nosotros!" (v. 31). Ese informe luego se extendió por el resto de la nación, generando temor en la comunidad. "Aquella noche toda la comunidad israelita se puso a gritar y a llorar" (Números 14:1). Las emociones se hicieron tan intensas que la gente estaba segura de que iban a morir. Volveremos a esta historia más adelante en el libro. Pero como puedes ver, unos pocos hechos y sentimientos aunados a una interpretación negativa es todo lo que se necesitaba para que reinara la desesperanza y la depresión, incluso en personas que habían sido testigos de algunos de los milagros más extraordinarios de Dios.

## Tu realidad definitiva

¿Acaso significaba la realidad de los gigantes en la Tierra Prometida de Israel que enfrentarían una derrota segura? ¿Eran los sonidos del bosque señales de un oso sediento de sangre a punto de devastarnos a mis amigos y a mí? ¿Significaban, las palabras de rechazo que se pronunciaron sobre mí en mi juventud, que la gente no me aceptaría en el ministerio hoy? ¿El tiempo que Sarah pasó persiguiendo su sueño de escribir un libro representaba que era una mala madre? No, no, no y no. Y lo que ves, escuchas o sientes hoy tampoco significa lo que te dicen que representa.

Recuerda, Pablo dijo que el enemigo levanta sus argumentos y opiniones "contra el conocimiento de Dios" (2 Corintios 10:5). Eso significa que intenta hacer que su evidencia parezca más real que la verdad de la Palabra de Dios. Hace eso para paralizarte, retenerte y mantenerte en silencio. Después de todo, ¿qué podría provocarte más inseguridad que creer que eres alguien que nadie aceptará? ¿Qué podría generar más ansiedad que pensar que Dios te ha dejado? ¿O qué podría estimularte más temor que creer que nadie te amará jamás? Es por eso que sostengo que todas nuestras batallas suceden en nuestra mente. De una forma u otra, son el resultado de lo que creemos.

Así que escucha esto: el solo hecho de que te hayas equivocado en el pasado no significa que seas un desastre. El hecho de que alguien en tu historia no te haya querido, no significa que no seas amado por todos en el futuro. Ser despedido de tu trabajo no implica que eres una bancarrota segura. Incluso la bancarrota no es tu fin. Tus luchas actuales no te convierten en alguien que Dios no pueda usar. En otras palabras, el hecho de que algo no sea perfecto en tu pasado o tu presente no significa que no puedas realizar tus sueños y todo lo que Dios tiene para ti.

No, ¡la Palabra de Dios es más real que lo que tú sientes! Es tu realidad definitiva y es el único intérprete real de lo que significan tu pasado, tu presente y tu futuro. De modo que debes fijar tu mente en esta verdad. Ese es el primer paso para terminar tus batallas. En el próximo capítulo, te mostraré cómo.

## Oración

*Padre, ayúdame a no considerar mis circunstancias como evidencia de desesperanza o fatalidad. Incluso ahora que todo tipo de pensamientos surgen en mi mente, vengo a ti para poder escuchar tu Palabra, que es más fuerte que cualquier mentira. Lléname de fe en lo que dices de mí. Que la tuya sea la única voz que defina mi realidad y determine mi destino. En el nombre de Jesús te lo pido, amén.*

## Preguntas de reflexión

1. ¿Reconoces alguno de los susurros sutiles y convincentes que el enemigo te lanza a diario? ¿Cuándo los escuchas? ¿Qué dicen?

2. ¿Cuáles son algunos de los "hechos" que a menudo escuchas acerca de ti y tus situaciones?

3. ¿Qué te están diciendo que significan esos "hechos"?

4. ¿Cómo han convencido, a tus sentimientos, las mentiras del enemigo?

5. ¿Cómo se comparan esos "hechos", sentimientos e interpretaciones con lo que sabes que Dios dice sobre ti o tu situación?

# 3

# Domina tu mente

Todos sabemos que el cerebro es complejo. Los científicos afirman que no solo es el más complicado de los órganos del cuerpo, sino también lo más intrincado de todo el universo.[1] Sin duda, cuando leas esto habrá nuevos descubrimientos sobre lo que sucede en nuestras cabezas. Lo que sabemos con certeza es que el cerebro fue creado por Dios para ser moldeable. Los científicos llaman a esto *plasticidad*.[2] Ahora, por favor, no te dejes intimidar por esa palabra. Cuando leas *plasticidad*, piensa en el plástico, que es flexible y moldeable. Así es como Dios diseñó tu mente. Y aunque tu cerebro es especialmente maleable en tu juventud, nunca llegas a una edad en la que no se pueda cambiar.[3] A cualquier edad, lo que ves, oyes, saboreas, hueles y sientes obra para moldear tu cerebro. Tras la primera experiencia de algo, el cerebro lo absorbe como un recuerdo. Cuando esa experiencia (o algo similar) sucede repetidas veces, es cuando ocurre el moldeado. Eso crea un camino o un sendero o una manera de hacer las cosas.[4]

El camino es una ruta que siempre conduce al mismo destino. Y es una manera inteligente para que el cerebro conserve energía. Cuando detecta algo que ha encontrado antes, automáticamente realiza una acción que ya ha aprendido. El pensamiento viaja por un sendero. Llevo varios años aprendiendo a tocar el piano. En el camino, me he dado cuenta de lo útil que es el diseño de la mente para aprender. A menudo, cuando empiezo una nueva canción, especialmente una que requiera movimientos complicados de los dedos, pienso: *No estoy seguro de que entienda esto.* Pero, por dicha, hasta ahora, siempre he entendido. Cuanto más practico una canción, más asocia mi cerebro los movimientos de mis dedos con las notas, por lo que aprende el patrón de la canción. Con el tiempo, los movimientos se vuelven automáticos, de modo que puedo tocar la melodía sin leer las notas, a veces incluso después de meses sin tocarla. Esa habilidad se debe a la práctica y a los caminos transitados en esa área.

Los caminos no solo son útiles para aprender a tocar un instrumento, sino también para aprender nuevos idiomas, habilidades, rutinas y adaptarse a nuevos entornos. ¡Es un diseño brillante! Las vías del cerebro afectan no solo cómo piensas y te mueves, sino que también te ayudan a cambiar la forma en que ves. Has oído hablar del nervio óptico, ¿verdad? Es un nervio de tu organismo que conecta tu ojo con tu cerebro y transporta impulsos de un lado a otro. La mayoría de la gente piensa que el ojo envía más señales al cerebro diciéndole qué ver. Aunque, en realidad, es al revés. El cerebro envía más señales al ojo diciéndole lo que debe ver.[5]

Eso significa que tu cerebro le da sentido no solo a las cosas que ves físicamente, sino también cómo las percibes. Esa es la razón por la que dos personas pueden observar una misma situación y llegar a conclusiones completamente diferentes en cuanto a lo que están viendo. Es por eso que el vaso parece medio lleno para algunos y medio vacío para otros. En pocas palabras, la forma en que ves algo es influenciada por lo que ocurrió en tu pasado, por ejemplo, la manera en que te criaron, las tradiciones y los traumas sufridos.

Imagínate este diseño trabajando en la inmaculada creación de Dios justo después de que Adán y Eva cobraran vida. Estoy seguro de que Adán, cuando se encontró con un animal, recordó la oportunidad que Dios le dio para asignarle su nombre. Nada en la criatura le provocaba miedo ni viceversa. Los seres humanos y los animales vivían en armonía absoluta. Cuando la primera pareja terminaba de cenar, no tenían que preocuparse por cosas como cuándo o de dónde vendría la próxima comida. Día tras día, al ver que Dios proveía para todas sus necesidades, sus cerebros aprendieron a esperar la provisión divina. No había razón para no hacer eso. Al menos por un tiempo, Adán y Eva experimentaron la bondad de Dios, veían todo a través de la bondad de él y continuaron esperando en esa bondad. Esa es la forma en que Dios diseñó el funcionamiento de la mente.

Es obvio que las cosas han cambiado bastante desde entonces. Para muchos, el trauma, el abuso, la intimidación, el rechazo o simplemente los entornos negativos nos han enseñado a ver todo a través de una perspectiva dolorosa, desconfiada o conspirativa. Eso ha desarrollado una expectativa que pregona que "todo lo que pueda salir mal saldrá mal", lo que nos hace reaccionar de manera tóxica y dañina.

¿Por qué?

En pocas palabras: por el diablo. El diablo pervirtió el diseño de Dios. Eso es lo que hace con casi todo lo que Dios creó originalmente como bueno. Debes entender que el diablo no tiene la habilidad de hacer nada nuevo. Sin embargo, usa los diseños de Dios y los altera para sus propios planes siniestros. Mientras que Dios diseñó la mente para que esperara la bondad divina, el diablo usa la mente para que esperes lo maligno.

Las primeras palabras que el enemigo les dijo a Adán y a Eva fueron: "*¿Es verdad que Dios* les dijo que no comieran de ningún árbol del jardín?*" (Génesis 3:1, énfasis añadido). Con esta única duda plantada en sus mentes, el enemigo influenció a la primera pareja para que pecara, por lo que toda la creación —a partir de ahí— se precipitó como en una espiral descendente. Medita en eso. Un solo argumento hizo que el mundo cayera en el dolor y la negatividad. Un solo truco mental introdujo el miedo, la culpa y la vergüenza en el inmaculado mundo de Dios. Eso es todo lo que requirió. Un solo pensamiento interpuesto en las mentes de Adán y de Eva creó un ciclo de negatividad en ellos. Y todo lo que se necesita es un pensamiento plantado en tu mente para iniciar un ciclo de negatividad en ti también.

Por dicha, a Dios no le sorprendió que el enemigo secuestrara su diseño. No, él estuvo preparado para eso todo el tiempo. La naturaleza del diseño de Dios es que tu mente puede cambiar. Eso significa que te programó con la capacidad de deshacer los efectos del mundo caído, bloquear la influencia del enemigo y restaurar la libertad y la paz. La Biblia dice que eso es la renovación de tu mente, y es el primer y fundamental paso para acabar con la influencia del diablo en tu vida.

## La renovación de tu mente

Si has estado en la fe, aunque sea por poco tiempo, sin duda habrás escuchado uno de los versículos más familiares de las Escrituras con respecto a la mente: "No se amolden al mundo actual, sino sean transformados mediante la renovación de su mente" (Romanos 12:2).

Los maestros de la Biblia a menudo usan este popular versículo como la solución para cada problema personal. Y por una buena razón. Como lo estamos estableciendo en este libro, tu mente controla tu vida.

Sin embargo, ¿sabes *cómo* renovar tu mente? Cuando le hice esa pregunta a un grupo de feligreses frecuentes en un estudio bíblico, cada una de las doce personas me miró con asombro. Fue entonces cuando me di cuenta de que este es un concepto que necesita desesperadamente una explicación útil. Exploremos sus tres partes ahora.

**1. *"No se amolden al mundo actual"***

A lo largo de la Biblia, la palabra *mundo* se usa para representar la cultura general y lo que está sucediendo en un momento particular de la historia. Eso incluye las costumbres, tradiciones, teorías y símbolos de la cultura. Pero el *mundo* no se limita solo a lo que sucede en una comunidad o país. También incluye lo que está pasando o ha pasado en la historia personal de alguien. En referencia a ti, tu mundo es lo que sucede a tu alrededor y a tu persona.

Como acabamos de explorar, el diseño de tu mente indica que tu entorno te da forma. Algo que te sucede o que escuchas una y otra vez es especialmente moldeador. Con el tiempo, esas experiencias repetidas establecen un patrón de pensamiento o creencia. Eso se conoce como mentalidad.

Por desdicha, debido a la obra del diablo en el mundo, nuestras mentes nacen predeterminadas a la negatividad. Los psicólogos llaman a eso un sesgo de negatividad, y es la razón por la que tiendes a temer en lugar de confiar, esperas lo peor en vez de lo mejor y reaccionas tan fuerte e instantáneamente a situaciones o palabras negativas. En el momento en que naciste, tu mente ya estaba puesta en la negatividad simplemente por el patrón del mundo caído.[6]

Más allá de tu condición mental predeterminada, lo que sucede en tu vida personal establece tu patrón de pensamiento. Volveré a mi vida como ejemplo. Desde que tengo memoria, siempre me sentí como un extraño, lo que resultó en que fuera tímido e inseguro con mis compañeros. Ciertamente, no elegí ser así, pero fue el patrón en el que nací. Sin embargo, lo que me moldeó particularmente fueron las experiencias que vinieron con mis inseguridades: rechazo y, a veces, palabras crueles por parte de mis compañeros. A medida que esas experiencias sucedían una y otra vez, mi cerebro aprendió a esperar que algunas de ellas condujeran a ciertos sentimientos y resultados. Eso se convirtió en un patrón de pensamiento que me hablaba con frecuencia: "Cuando conoces a alguien nuevo, te rechazan. Entonces, ¿para qué siquiera intentarlo?". Piensa en las expectativas negativas con las que luchas en tu mente. ¿Puedes rastrear su raíz hasta alguna experiencia que haya establecido tu patrón de pensamiento? Para experimentar un cambio real, es importante identificar esas raíces, de modo que puedas dejar de ajustarte al patrón de pensamiento que han creado en ti.

**2.** *"Sean transformados"*
La Biblia asegura que en el momento en que le dijiste sí a Jesús, te convertiste en una nueva persona (ver 2 Corintios 5:17). Algunos llaman a esto ser salvo. Otros dicen que es nacer de nuevo. Cualquiera que sea la frase, en ese instante tu posición ante Dios cambió de sucia a limpia, de incorrecta a correcta, de rechazada a aceptada, de impía a santificada. Como resultado, se te aseguró la eternidad en la presencia de Dios y se depositaron en ti nuevas cualidades que colectivamente conforman tu identidad en Cristo.

Aunque pasaste por un cambio muy real y radical, la mayor parte del cambio ocurrió espiritualmente. Aun cuando es probable que experimentaste una nueva paz con Dios y una sensación de limpieza, tu memoria no se borró y tu comportamiento no se alteró de manera automática. Piénsalo de esta manera: tu interior cambió, pero tu exterior no. Es por eso que muchos cristianos todavía luchan con la voz de su pasado a pesar de la promesa que Dios les hace de que todas las cosas son hechas nuevas. Es por eso también que durante la primera década de mi vida cristiana yo protestaba: "¿Por qué no me siento una persona nueva muy a menudo?, ¿por qué no me siento cerca de Dios?". Es por ello que necesitas ser transformado. Pero ¿qué significa esto?

La palabra griega original para transformado es *metamorphoo*, que es la raíz de un vocablo que reconocerás con facilidad: *metamorfosis*.[7] Una metamorfosis no es un cambio leve. Es una transformación completa de un tipo de cosa a otra clase de situación. Por ejemplo, el cambio de oruga a mariposa. Desde su nacimiento, la oruga contiene en su interior lo que necesita para transformarse en mariposa. Sin embargo, debe pasar por un proceso para convertirse en mariposa. Esta es también la esencia de nuestra transformación. Aunque tu salvación te cambió y te equipó por completo espiritualmente, el cambio físico, mental y emocional notable requiere algo de tu parte, que es la renovación de tu mente.

**3. "La renovación de su mente"**
Es probable que estés familiarizado con la palabra *renovar*. Renovamos suscripciones, licencias de conducir y votos matrimoniales, entre muchas otras cosas. Renovar algo simplemente significa volver a colocarlo en su posición predeterminada después de una interrupción.

Cuando le dijiste sí a Jesús, fuiste hecho completamente nuevo y se te dio un novedoso punto de partida, un nuevo valor predeterminado. Renaciste espiritualmente con las cualidades de Jesús. Es posible que use varias páginas para enumerar todas las cualidades de tu nueva identidad en Cristo, pero aquí están seis de las más fundamentales:

• Nueva [creación] persona (ver 2 Corintios 5:17)
• Hijo de Dios (ver Gálatas 3:26)
• Justo en Dios (ver 2 Corintios 5:21)
• Amado incondicionalmente (ver Romanos 8:39)
• Pleno (ver Colosenses 2:9-10)
• La obra maestra de Dios (ver Efesios 2:10)

Desglosaremos cada una de estas cualidades y más en los próximos capítulos. Son solo un puñado de las nuevas verdades sobre lo que eres, que es a lo que apuntan los juegos mentales del enemigo para perturbarte y convencerte de que creas lo contrario.

Piensa en uno de los argumentos que surgen en tu cabeza. ¿Cuál de las verdades anteriores trata de evitar que creas? En mi caso, reconozco que la mayoría de las mentiras que creí durante mi adultez temprana me hicieron cuestionar si estaba o no bien con Dios. Escuchaba cosas como: "Dios no puede usar a una persona como tú" o "Tus luchas te convierten en alguien a quien Dios no ama". Escuché un montón de argumentos que finalmente me hicieron creer —por muchos años— que yo era alguien equivocado. No es sorprendente que, a medida que atravesaba el proceso que te estoy enseñando, llegué a reconocer que esa creencia yacía en la raíz de la mayoría de mis inseguridades, ansiedades y conductas destructivas. Y, precisamente, esa fue la creencia que el enemigo siguió reforzando con sus mentiras mucho después de que nací de nuevo.

Antes de continuar, por favor, lee atentamente y cáptalo bien. Si eres cristiano, entonces eres verdaderamente una persona nueva. Así es como Dios te ve y ese es el fundamento en base al cual pasarás la eternidad con él. Para todo propósito espiritual, tu antigua vida ya no existe. Sin embargo, los viejos patrones de pensamiento a menudo sí lo hacen, continúan ahí. Y aunque esos patrones de pensamiento no tienen que ver nada en cuanto a la manera en que Dios te ve ahora ni tampoco en cuanto a dónde pasarás el resto de la eternidad, te impiden que disfrutes las cualidades de tu nueva vida, como el gozo, la paz, la paciencia y el dominio propio (ver Gálatas 5:22-23).

Hacer callar al diablo no quiere decir que le impidas que hable, de ninguna manera. Significa que te identificas con las verdades que Dios afirma acerca de ti más que con lo que las circunstancias, otras voces, arrepentimientos pasados o luchas actuales intenten decirte. ¡Significa que determinas que la Palabra de Dios es más real que el modo en que te sientes, qué los temores que tengas o las maneras en que falles! Con tu mente dispuesta como corresponde, cuando el enemigo inevitablemente venga a perturbarte, puedes interrumpirlo rápidamente con verdades que afirmen tu posición en Cristo. Eso es lo que renueva tu mente y te impide volver a esos viejos patrones y maneras de pensamiento y de sentimiento. Con el tiempo, tener tu mente renovada hace que las cualidades de tu identidad en Cristo se manifiesten de adentro hacia afuera. Como promete la Biblia, cambiar tu forma de pensar transforma tu la vida.

## Métodos para renovar la mente

Hasta aquí, hemos cubierto algunos principios espirituales y científicos en profundidad. Ahora estamos a punto de experimentar. Para ayudarte a entender lo que has aprendido hasta ahora y darte un ejemplo del mundo real, volveré brevemente a mi historia.

Después de años de batallar con todos esos pensamientos y burlas diabólicas que ya he relatado, cuando entré a la escuela secundaria, estaba seguro de que nadie querría entablar amistad conmigo. Pensé que siempre sería rechazado. Esa mentalidad insegura estaba tan bien asentada en mí que solo perpetuó más autorrechazo, por lo que me hizo sentir bastante incómodo.

Sin embargo, a los dieciséis años sucedió algo asombroso que cambió mi vida. Mientras me sentí vacilar con dos amigos en su grupo de jóvenes reunidos un miércoles por la noche, descubrí una relación con Jesús que nunca supe que podría tener. Con él, sentí un amor que impregnaba mis luchas y una aceptación mucho más real que cualquier rechazo que hubiera experimentado.

En ese momento en que le dije sí a Jesús, se produjo en mí un cambio espiritual. Fui limpiado de mi pecado y hecho justo ante Dios. Pero, por asombroso y real que fuera eso, mis miedos, inseguridades y los patrones de mi cerebro no cambiaron de manera automática. Claro, tenía una nueva esperanza de que eso podría transformarse y, de repente, tuve la voluntad de cambiar, pero el cambio en esas áreas no sucedió al instante. No, para ese tipo de transformación tuve que aprender el proceso de renovar mi mente.

Recuerda lo que exploramos anteriormente en este capítulo. Dijimos que la palabra *renovar* significa "volver a una posición predeterminada". Como cristiano, tu posición predeterminada se hace nueva y correcta en Cristo. Entonces, el objetivo de la renovación mental es hacer que tu mente vuelva a esa realidad. Y hay dos métodos para lograr eso, los cuales son útiles en diversas situaciones: una defensiva y otra ofensiva.

### Renovación mental defensiva

Todos tenemos momentos en los que surge un pensamiento negativo en nuestra mente. Eso es algo que muchas veces no podemos controlar. No eres capaz de reaccionar bien cuando alguien te dice algo que puede ser insensible o cuando aparece un mensaje inesperado en tu pantalla. Pero puedes responder bien asegurándote de que esos pensamientos —no planificados o irracionales— no echen raíces en ti ni refuercen la narrativa del enemigo acerca de lo que eres, como por ejemplo que eres "demasiado de esto" o que no eres "lo suficiente de aquello". Cuando un pensamiento se entromete en tu mente, tu paz y cordura dependen de que des dos pasos en ese preciso momento: determinar la fuente del pensamiento y hacer algo con él.

#### PRIMER PASO: DETERMINAR LA FUENTE
#### DE TUS PENSAMIENTOS

En el tercer capítulo de la Biblia, Dios planteó una pregunta a Adán y a Eva. Lo hizo justo después de que habían cedido a la primera tentación y esa simple pregunta revela una forma sencilla de verificar la fuente de sus pensamientos. Después de su caída, Génesis cuenta que la primera pareja se percató por primera vez de su desnudez, lo que les dio mucha vergüenza. Sintiéndose nuevamente avergonzados, se escondieron de Dios (ver Génesis 3:7-8). Creo que podemos identificarnos con ese sentimiento. En lo particular, me pasa eso. Por lo general, no es el error en sí lo que hace que nos escondamos, sino lo que creemos que ese error significa para nosotros. Esa es la definición de vergüenza: creer que lo que eres es erróneo. Y esa nueva creencia, influenciada por el diablo, hizo que Adán y Eva se acobardaran ante su Creador. Sin embargo, lo que Dios quería era ver qué pasaba. Cuando encontró a Adán y a Eva entre los arbustos y les preguntó por qué se escondían, Adán respondió tímidamente: "Tuve miedo porque estoy desnudo" (v. 10). Ahora, considera lo que Dios hizo a continuación. Les formuló una pregunta simple aunque profunda: "¿Y quién te ha dicho que estás desnudo?" (v. 11). Las primeras cinco palabras de la pregunta de Dios son una cuestión efectiva que también debes plantearte cada vez que surja un pensamiento en tu mente que influya en un sentimiento negativo.

Pregúntate: "¿Y quién me ha dicho?".

"¿Y quién me ha dicho que soy demasiado desordenado para que Dios me use?".

"¿Y quién me ha dicho que siempre fallaré?".

"¿Y quién me ha dicho que no soy lo suficientemente bueno?".

"¿Y quién me ha dicho que siempre viviré con dolor?".

"¿Y quién me ha dicho que soy desagradable?".

Para identificar la fuente, debes observar las palabras de Dios que se encuentran en la Biblia. La aplicación [a partir de aquí me referiré a *app* cuando hable de una aplicación electrónica de tu teléfono] que diseñé para ayudarte con esto se llama *Shut Up, Devil!* [¡Cállate, diablo! en español]. Esa app presenta las verdades de Dios relacionadas con cada emoción negativa que experimentan los humanos. O si hojeas la parte posterior de la mayoría de las Biblias impresas, encontrarás una lista de versículos clasificados por tema. Cuanto más conozcas la Palabra de Dios, menos tiempo tendrás que dedicar a determinar si lo que escuchas proviene de él o no. Compara lo que oigas con la Palabra de Dios. Cualquier cosa que no concuerde con su Palabra y su carácter es porque está enraizada en el enemigo y debe ser contrarrestada y rechazada lo más rápido posible. Ese es el segundo paso de este método defensivo de renovación de la mente.

## SEGUNDO PASO: CONTRARRESTA TUS PENSAMIENTOS

El apóstol Pablo revela cómo contrarrestar y expulsar los pensamientos negativos que se entrometen en nuestras mentes: "Destruimos argumentos y toda altivez que se levanta contra el conocimiento de Dios, y llevamos cautivo todo pensamiento para que se someta a Cristo" (2 Corintios 10:5). No creo que Pablo decidiera —a la ligera— describir esos pensamientos que bombardean nuestras mentes como ideas rebeldes, porque eso es exactamente lo que son. Esos pensamientos negativos van en contra de la Palabra de Dios con el objetivo de causar estragos en tu vida. Para evitar que lo hagan, es crucial que los destruyas y aceptes la verdad.

Para decirlo de manera práctica, destruir un pensamiento rebelde es un método defensivo para que confrontes la verdad de las Escrituras en el momento. Un pensamiento temeroso sobre algo en el futuro, por ejemplo, debe confrontarse pensando en un versículo relacionado con el miedo. Lo que dice la Epístola a los Hebreos 13:6 es extraordinario: "El SEÑOR es quien me ayuda; no temeré".

Considera este proceso como lo harías si te arrestaran. El pensamiento negativo es un intruso y las verdades de Dios son las esposas. En el instante en que piensas la verdad, se detiene la mentira. Esta se somete antes de que pueda llevarte por los viejos caminos de tu mente. La verdad no solo desaloja la mentira. También comienza a enseñarle a tu mente la forma correcta de pensar de acuerdo con tu posición predeterminada en Cristo. Y eso nos lleva al segundo método de renovación de la mente.

### Renovación mental ofensiva

Aun mejor que estar siempre a la defensiva es aprender a minimizar los pensamientos negativos antes de que ejerzan influencia en ti. Eso se hace a través de un procedimiento proactivo de renovación mental al que llamo método ofensivo.

El objetivo de esta técnica es usar la verdad junto con el diseño de tu mente a fin de reprogramarla para lo positivo. Al hacerlo, cuando emerjan —al azar— las circunstancias, los recuerdos, las palabras hirientes o los pensamientos negativos, ya no te llevarán a esas viejas emociones y reacciones negativas. Al contrario, se irán por nuevas rutas que conduzcan a la esperanza, la confianza y la paz. Este es el método de la transformación real y duradera. Insisto, el apóstol Pablo instruyó cómo hacer eso: "Por último, hermanos, consideren bien todo lo verdadero, todo lo respetable, todo lo justo, todo lo puro, todo lo amable, todo lo digno de admiración, en fin, todo lo que sea excelente o merezca elogio" (Filipenses 4:8).

El concepto que Pablo promueve no es un pensamiento fugaz en referencia a algo positivo. Es una meditación intencionada acerca de las verdades de Dios y lo que significan en cuanto a ti, a Dios y a su carácter, y en cuanto a tu situación actual. En el próximo capítulo, te daré algunas indicaciones específicas para que reflexiones en ello. Pero lo que deseo enfatizar por ahora es que debes meditar en lo que estás pensando.

Para entender por qué esto funciona así, volvamos brevemente a la ciencia. Los psicólogos observan que cavilar en un pensamiento positivo —aunque sea— durante diez o veinte segundos ayuda al cerebro a almacenarlo en tu memoria a largo plazo.[8] ¡Esto implica recuperar el diseño de tu mente!

A medida que la fijas en algo bueno, se crea un camino. A través de este proceso, tu mente se reprograma lejos de un sesgo negativo y comienza a pensar con una inclinación positiva de acuerdo a la forma en que Dios lo dispuso. En otras palabras, tu mente se renueva.

Lo bueno de que puedas reprogramar tu cerebro para pensar y ser más positivo es emocionante, por supuesto, pero te advierto que el proceso requiere intencionalidad. Ningún hábito se forma de la noche a la mañana. Y cambiar el patrón de tu modo de pensar tampoco. Tienes que planificar el cambio.

Eso es lo que yo tenía que hacer. No pasé de ser tímido, inseguro y muy voluble a lo que soy hoy con solo esperanzas y deseos. Cuando Dios me guio a través del proceso que acabo de describir, tuve que hacerme el propósito de reflexionar sobre su verdad mañana, tarde y noche. Durante un tiempo, usaba tarjetas con versículos de las Escrituras que se relacionaban con mis problemas. Pegaba los versículos en el espejo de mi baño. Escuchaba pasajes de las Escrituras a los que les puse música mientras conducía o hacía ejercicio. Luego creé *Shut Up, Devil!* una aplicación con su sistema de recordatorio para que me ayudara a recordar mejor a fin de mantener esas verdades en mi mente.

Aun así, aunque tenía un propósito, no perfeccionaba esa disciplina. Muchas veces me aburría con esas verdades y no me apetecía pensar en ellas. Quería revolcarme en la autocompasión. Y lo hacía. Con mucha frecuencia. ¡Advertencia! Es probable que experimentes tanto momentos de gran motivación como algunos de falta de interés. El enemigo te susurrará que no el proceso no está funcionando. Es por eso que te animo a que establezcas tus propios recordatorios. Cuando no tengas ganas de dirigir tu mente a pensar en las verdades de Dios, los recordatorios pueden ayudarte a volver a encarrilarte. Incluso pueden ayudarte si te distraes o te desanimas.

Tan a menudo como puedas, reflexiona sobre las verdades de Dios y lo que significan para ti. Con el tiempo, te darás cuenta de que esos pensamientos que alguna vez te provocaron una emoción intensa ya no lo hacen. Notarás que tus temores ya no duran tanto. Reconocerás que las voces de tu pasado o las presentes no te limitan tanto. ¡Sí, comenzarás a experimentar la verdadera transformación que viene con el dominio de tu mente!

Y aquí tengo un consejo adicional para acelerar el proceso, a la vez que lo hace más efectivo: usa tu boca para ayudarte. También es parte del diseño de Dios. Eso es lo que trataremos a continuación.

## Oración

*Creador, revélame las raíces de cualquier patrón negativo en mi pensamiento. Muéstrame en qué mentiras se basan esas raíces y guíame a las verdades que las desarraiguen de mi vida. Capacítame con una motivación sobrenatural para fijar mis pensamientos en tu Palabra y, mientras hago eso, reprograma mi mente con confianza en lo que dices que soy. En el nombre de Jesús te lo pido, amén.*

## Preguntas de reflexión

1. ¿Cómo refleja tu vida las cualidades de tu identidad en Cristo? ¿En qué manera no refleja esas cualidades?
2. ¿Cuáles son algunos patrones de pensamiento negativos y algunas de tus expectativas con que luchas en la actualidad?

3. ¿Puedes rastrear esos patrones de pensamiento hasta una experiencia que tienes arraigada? ¿Cómo es eso?

4. ¿Cómo podrían los métodos defensivos y ofensivos de renovación mental ser efectivos en tu vida hoy?

5. ¿Cuáles versículos de la Biblia puedes usar para detener los patrones de pensamientos negativos cuando surjan?

# 4

# La conexión mente-boca

¿Estás solo o, al menos, rodeado de personas que realmente te conocen? ¡Lo que estoy a punto de pedirte que hagas podría provocar que algunos te vean de una manera extraña! Bueno, con esa advertencia, comencemos. Cuando diga *vete*, empieza a contar del diez al uno. En medio de tu conteo, di tu nombre en voz alta. (¡Ahora entiendes por qué te advertí que hicieras esto solo!)

En sus marcas. Listo. ¡Salida! 10... 9... 8... 7...

¿Lo hiciste? ¿Reconociste que tan pronto como pronunciaste tu nombre, interrumpiste el conteo en tu mente? Puedes intentarlo de nuevo si quieres. Pero no hay forma posible de seguir contando y hablando al mismo tiempo. El conteo siempre se detendrá cuando digas una palabra.

Tu boca es la única parte de tu cuerpo que puede interrumpir tus pensamientos de esa manera. Solo he conocido a unas pocas personas que no estoy muy seguro de que puedan caminar y pensar. ¡Pero la mayoría podemos hacerlo! Ciertamente, puedes mover el brazo y seguir pensando. Puedes oler y aun pensar. Excepto cuando estoy comiendo algún postre calientes de chocolate, puedo saborear y todavía pensar. ¡Estoy seguro de que tú también puedes!

Ahora, hablando en serio; cuando hablas, interrumpes tu pensamiento, aunque sea por un momento, ya sea para detener el que estás desplegando en el momento o para enfocarte en uno nuevo. Ese es el diseño de Dios, al que llamo la conexión mente-boca. Cuando aprendes a usar los dos juntos de manera efectiva, ambos conforman una fuerza tremenda para silenciar la voz del enemigo en tu mente e impedir su capacidad de influir en tu vida.

Al igual que con el último capítulo, espero que estés de acuerdo con algunas lecciones de ciencia. Creo que las hallarás fascinantes. Pero lo que es más importante, encontrarás que afirman lo que ha estado en las Escrituras todo el tiempo. Comencemos por ahí.

## La ciencia y la Biblia

En las últimas décadas, la ciencia ha hecho un gran progreso en su investigación en cuanto a la exclusiva asociación que tienen la mente y la boca entre sí. Para encontrar esa información, todo lo que tienes que hacer es navegar por algunos de los principales sitios web de psicología. Muchos de sus artículos sobre temas como la manera de experimentar la felicidad, alcanzar tus metas, cambiar tus hábitos o criar a tus hijos se centran en el poder que tienen las palabras sobre la mente. Sin embargo, no podemos dar crédito a la ciencia por ese descubrimiento. Como dije, lo que han descubierto es un principio diseñado por Dios, del que se habla a lo largo de las Escrituras.

El primer salmo es un gran ejemplo de la conexión mente-boca y el impacto que tiene en la vida de una persona. Comienza describiendo lo que el pueblo de Dios debe hacer: "En la ley del Señor se deleita, y día y noche medita en ella" (Salmos 1:2).

Permíteme hacer una pausa para destacar la palabra clave de este versículo: *medita*. Para comprender la profundidad de lo que Dios está diciendo, debes entender el concepto bíblico de la meditación. En las Escrituras, meditación es el proceso de reflexionar y hablar sobre un pensamiento una y otra vez.[1] De acuerdo a este versículo, el pueblo de Dios debe pensar y hablar la Palabra de Dios día y noche. Mientras lo hacen, el salmo asegura que serán "como el árbol plantado a la orilla de un río que, cuando llega su tiempo, da fruto y sus hojas jamás se marchitan" (v. 3). En otras palabras, el uso adecuado de la conexión mente-boca conduce al refrigerio y la renovación.

Un poco más adelante en los salmos, el rey David sugiere que entendió algo acerca de la conexión. Así que oraba: "Sean, pues, aceptables ante ti mis palabras y mis pensamientos, oh Señor, roca mía y redentor mío" (Salmos 19:14). En el Nuevo Testamento, el apóstol Pablo acredita que la conexión mente-boca juega un rol significativo en la salvación de la persona: "Que, si confiesas con tu boca que Jesús es el Señor y crees en tu corazón que Dios lo levantó de entre los muertos, serás salvo" (Romanos 10:9).

Estos ejemplos no son una lista completa de las veces que se menciona ese principio en las Escrituras. Intercalaré algunos más a lo largo de este capítulo, incluso de las palabras de Jesús. Pero por ahora, necesito destacar otra palabra importante que se usa en los últimos dos versículos. Es el vocablo *corazón*.

## El corazón bíblico

La Biblia le da mucha importancia al corazón. Como acabas de ver, los dos libros bíblicos anteriores hacen referencia a este último. Muchas traducciones de Proverbios 4:23 te animan a "cuidar tu corazón". El rey David exclamó en oración: "Señor mi Dios, con todo el corazón te alabaré" (Salmos 86:12). En el cristianismo contemporáneo, a menudo escuchamos a los predicadores instando a las personas a "invitar a Jesús a su corazón".

Como ocurre con la mayoría de las palabras como esta en las Escrituras, el corazón bíblico no representa la parte del cuerpo físico. No se refiere al órgano que bombea la sangre en medio de nuestro pecho. ¡Nosotros, los predicadores, no estamos dirigiendo a las personas para que literalmente inviten a Jesús a sus atrios! Más bien, el corazón bíblico representa el yo interior: mente, voluntad, emociones y conciencia.[2]

En consecuencia, alabar a Dios con todo tu corazón es alabarlo con todo tu ser. Convidar a Jesús a tu corazón es invitarlo a cada aspecto de lo que te hace ser lo que eres. Cuidar tu corazón es proteger tus pensamientos y creencias ya que, como continúa el proverbio, "de él mana la vida" (Proverbios 4:23).

Por años he dicho: "Solo te elevas al nivel de lo que crees que eres". Esta cita breve se basa en el concepto que acabo de explicar: lo que crees dicta la manera en que te comportas. Los resultados de creer los vemos en el comportamiento de las personas todo el tiempo. Pero Jesús explicó más detalladamente cómo funciona eso e involucra la boca. "El hombre bueno, del buen tesoro de su corazón saca lo bueno; y el hombre malo, del mal tesoro de su corazón saca lo malo; porque de la abundancia del corazón habla la boca" (Lucas 6:45 RVR60).

¿Entiendes lo que Jesús quiere decir? En esencia, tus pensamientos y tus creencias influyen en lo que dices; a su vez, lo que dices influye en tus pensamientos y tus creencias. Esto crea un ciclo mente-boca en el que es difícil determinar qué viene primero, las creencias o las palabras. Es un ciclo, por tanto, que puede ser tremendamente difícil de detener una vez que está en marcha. Hasta que finalmente dirige tu vida y, con demasiada frecuencia, lo hace en sentido negativo.

## El ciclo mente-boca

Como exploramos en el capítulo anterior, las experiencias de tu pasado, las palabras que la gente te dijo más lo que tus debilidades y errores intentan decirte trabajan en tu mente para crear una mentalidad que a menudo afecta la forma en que ves las cosas. Y ahora hemos aprendido que también afectan lo que dices. Esas palabras crean un efecto dominó en el resto de tu ser.

La historia que escuché de una mujer de sesenta y tantos años demuestra cómo usa, el enemigo, ese ciclo mente-boca para atormentarnos por años. Cuando era adolescente, sus padres la menospreciaban con frases como las que siguen: "No eres bonita. Nadie querrá casarse contigo". Esas crueldades son más terribles cuando las escuchas una vez, pero para su desdicha, ella no las escuchó solo una vez. Las escuchaba muchas veces, tanto de boca de sus padres como en su propia mente. Al fin, ella misma comenzó a pronunciar aquellas palabras, por lo que las estableció como un hecho —o una realidad— en su corazón.

Como ves, eso es lo que las palabras pueden hacer en una manera más efectiva. Por eso Jesús dijo que son las palabras que salen de nuestra boca las que nos contaminan (ver Mateo 15:18). Por eso Pablo explicó: "La fe viene como resultado de oír el mensaje" (Romanos 10:17). Es por eso que muchas tradiciones cristianas tienen confesiones de fe, mediante las cuales repiten ciertas afirmaciones. Las palabras tienen un poder inigualable para cimentar creencias en nosotros, un fenómeno que los psicólogos llaman "adherencia".[3]

En la mente de la mujer de nuestro ejemplo, las palabras —sin duda— funcionaron para hacer que mantuviera la creencia de que ella no era atractiva. Aun cuando terminó casándose, admitió que la idea que esas palabras le inculcaron —que nadie la querría— se manifestó en su vida como una inseguridad y una ansiedad social a veces paralizantes.

Para que no atribuyamos todo esto a la psicología, recuerda lo que estudiamos en el capítulo 1. El nombre del diablo literalmente significa *calumniador*. Su objetivo es destruir tu reputación con mentiras y la Biblia descubre que lo hace de la misma manera que un león ataca a su presa.

Así como el león se lanza en dirección a la cabeza de su víctima para llegar a la boca de ella, el diablo persigue tu mente para llegar a tu boca. Lo hace para establecer una mentira en tu corazón que actúe para derrotarte. Aun cuando seré el primero en reconocer que el diablo no es responsable de cada emoción negativa, mal comportamiento u obstáculo en tu vida, al menos crea experiencias e intercala pensamientos que desencadenan tus problemas. Es por eso que callarlo depende de recuperar el ciclo mente-boca. Exploremos cómo.

## El poder de la conexión

Lo que empieza en la mente sale por la boca y transforma tu vida. Esa es la conexión mente-boca. Y aun cuando Dios la creó para bien, el enemigo pervierte esa conexión para mal. Sin embargo, como dije antes, eso no sorprende a Dios. Siempre tiene una forma de transformar el mal en bien y usar las propias tácticas del enemigo en su contra (ver Romanos 8:28). Así como el diablo trabaja en la mente y la boca nuestra para callarnos, podemos voltear el guion y usar nuestra mente y nuestra boca para callarlo.

El poder de la conexión mente-boca es algo que descubrí y que me ayudó a transformarme de un niño inseguro que temía hablar con los extraños a ser el hombre que habla hoy con miles de extraños. Pero su poder no se limita solo a aquellos que son llamados al ministerio. La conexión mente-boca también ha de funcionar en tu vida, en tres maneras muy transformadoras.

### 1. Tus palabras detienen los pensamientos negativos.

El ejercicio de contar hacia atrás, al principio de este capítulo, demuestra el primer efecto de la conexión mente-boca, que es que tus palabras interrumpen tus pensamientos. Las palabras, literalmente, tienen el poder de callar las voces negativas que surgen en tu mente. En tu cabeza, podrías estar escuchando que *no vales nada*, que *eres un fracaso*, que *eres demasiado desordenado o inoportuno*, pero en el momento en que abres la boca y empiezas a hablar, esos pensamientos se detienen.

Insisto, este es el diseño de Dios, y es la aplicación práctica del principio de renovación de la mente defensiva que aprendimos en el capítulo anterior. Es precisamente la forma de activar la instrucción del apóstol Pablo de destruir y "llevar cautivo todo pensamiento para que se someta a Cristo" (2 Corintios 10:5). En el momento en que comiences a hablar, los pensamientos desaparecerán de tu mente, al menos hasta que dejes de hablar.

El punto, por supuesto, es detener los pensamientos negativos por completo, no simplemente hacer que se detengan por unos segundos. Por eso es importante no decir cualquier palabra, sino hacer lo que Pablo aconsejó: enseñar a tus pensamientos a obedecer a Cristo. En este caso, quieres ser como ese maestro de escuela regañón de tu juventud que te atrapó murmurando. Si tenías un maestro como el que tuve yo, que no solo te callaba, te indicará qué hacer: "Cállate y pon atención". La forma de hacer eso es interrumpir un pensamiento negativo pronunciando una declaración positiva sobre ti o tu situación que se alinee con la Palabra de Dios.

Me encuentro obligado a hacer esto casi todos los días. Si estoy luchando contra una preocupación financiera, puede lucir tan simple como lo siguiente: "Dios siempre ha satisfecho mis necesidades. Ahora no me va a defraudar". A menudo, eso es suficiente para sofocar el pensamiento por el momento. Pero debes tener en cuenta que, a veces, los pensamientos tocan algo tan profundo o se relacionan con una parte tan importante de tu vida que callar la voz negativa requiere más que una sola frase. A veces, realmente debes luchar contra la negatividad hasta que esa sensación desaparezca o superes el evento o la situación que están causando esos juegos mentales.

Eso es lo que tuve que hacer cuando Dios me llamó a escribir libros. Tenía veintinueve años de edad cuando un editor

me propuso por primera vez la oportunidad de publicar.
Aunque había pasado por algunas pruebas de fuego que me
dieron suficiente contenido para escribir, aprendí que publicar un libro era un nuevo nivel para el que no estaba completamente preparado.

El inicio del proceso fue especialmente detonante. Trabajé
varios meses para completar todo lo que el editor necesitaba
para determinar si procederíamos o no. Como novato en el
mundo de las publicaciones, no sabía qué esperar. Sin embargo, sentí que era prometedor llegar muy lejos. Y no pude evitar soñar con lo que podría significar para el futuro.

Después de semanas y meses de espera, recibí un simple
correo electrónico que decía: "Decidimos no seguir adelante
con el proyecto". Eso me devolvió a la realidad. Pero también me trajo de vuelta a todo el rechazo de mi pasado. Esas
pocas palabras de rechazo parecían una banda sonora en mi
mente que repetía declaraciones como *No eres lo suficientemente bueno* y *Eres un fracaso.*

Si eso hubiera sucedido tres años antes, me habría enfadado durante al menos unas semanas. Pero esta vez solo duró
unos días. Y fue así porque, poco después de mi periodo de
autoconmiseración, me di cuenta de que no podía permitirme
que la decepción me llevara a la derrota nuevamente. Tuve
que recuperar el control de mis pensamientos. Fue entonces
cuando usé la Palabra de Dios para detener la negatividad.

Mientras esos pensamientos inseguros intentaban definir
mi identidad y mi futuro, pronuncié verdades de la Palabra
de Dios como las siguientes: "Estoy seguro de que Dios será
fiel para completar la buena obra que comenzó en mí" (ver
Filipenses 1:6) y "Confío en que Dios dispone todas las cosas
para mi bien" (ver Romanos 8:28).

Insisto, voy a enfatizar que debido a que esta situación
abrió algunas heridas profundas de hacía mucho tiempo,
no pude silenciar instantáneamente las voces negativas. Ese
proceso no fue algo de una sola vez. No, llevó días. Pero la
congruencia funcionó. No solo evitó que esos pensamientos

me sumieran en una desesperación prolongada, sino que me ayudó a guiar mi mente hacia la verdad. Esa verdad me animó lo suficiente como para no renunciar a la oportunidad de escribir.

## 2. Tus palabras transforman tu cerebro.

Recuerda el capítulo anterior y cómo los pensamientos que entran en tu mente funcionan repetidas veces para crear caminos en tu cerebro. Los científicos observan que las palabras operan con el fin de desencadenar y afianzar aún más esas vías. En estudios que utilizan una máquina de resonancia magnética funcional (fMRI, por sus siglas en inglés), cuando los pacientes están expuestos a la palabra negativa más común —*no*— docenas de hormonas relacionadas con el estrés se liberan al instante en el cerebro y perturban las habilidades para tomar decisiones de la persona.[4]

Las palabras airadas son peores. Cierran parcialmente las partes del cerebro que son responsables de la lógica y la razón.[5] Tal vez eso explique científicamente la advertencia del apóstol Pablo en cuanto a tener cuidado de no pecar cuando uno está airado (ver Efesios 4:26). Ciertamente, la negatividad nubla el juicio en el momento. Pero si se extiende por largos períodos de tiempo, deforma el cerebro para pensar negativamente y de manera constante.

Por dicha, las palabras negativas no son las únicas que transforman la mente. Las positivas también lo hacen. En el mismo estudio, los científicos observaron que los vocablos positivos y optimistas modifican el lóbulo parietal del cerebro, lo que afecta la percepción que una persona tiene de sí misma y de aquellos con quienes interactúa.[6] En otras palabras, decir algo positivo no solo aumenta tu propia confianza y valor, también programa tu mente para ver el bien en los demás y en el mundo que te rodea. ¡Es posible un cambio completo en la percepción de la duda a la confianza, de la desesperanza a la esperanza y de la tristeza a la alegría usando la mente y la boca!

Aun así, como destaqué en el capítulo anterior, la transformación positiva a largo plazo requiere intencionalidad. Un solo pensamiento positivo fugaz no es suficiente, no te da ni escalofrío. Por eso debes hacer lo que el apóstol Pablo exhortó y "considerar bien todo lo verdadero" (Filipenses 4:8). Este es un proceso de meditación que implica cuatro pasos en la conexión mente-boca. Los llamo "Los cuatro PASOS de la renovación de la mente". Con papel o una *app* de notas a la mano, te animo a que dediques unos minutos cada día a seguir estos pasos, al menos hasta que hayas recibido la libertad en cualquier área en la que estés trabajando.

### PRIMER PASO: LEE

Este primer paso es fácil. Encuentra un versículo de la Biblia relacionado con el sentimiento, la situación o la batalla que estás enfrentando. Si no conoces la Biblia lo suficientemente bien como para ir a uno de inmediato, está bien. Usa mi aplicación *Shut Up, Devil!*, un motor de búsqueda o usa el índice de temas en la parte posterior de la mayoría de las Biblias impresas para ayudarte a encontrar una. Luego simplemente lee el versículo.

### SEGUNDO PASO: REFLEXIONA

Esta es la parte crucial de este proceso y a lo que debes dedicar la mayor parte del tiempo. Reflexiona sobre lo que significa el pasaje de las Escrituras. Usa estas indicaciones de reflexión para que te guíen:

1. ¿Qué significa esto sobre mí?
2. ¿Qué significa esto acerca de Dios y su carácter?
3. ¿Qué significa esto para mi situación actual?

Ten la seguridad de que no hay respuestas correctas o incorrectas a estas preguntas. Es probable que lo que veas un día sea diferente al otro día, dependiendo de cómo te sientas o lo que enfrentes.

**TERCER PASO: REFORMÚLALO**

Usando todo lo que has visto en el pasaje de las Escrituras, reformúlalo en una declaración personal sobre tu situación o sobre ti mismo. Al parafrasear un versículo como "No temas, porque yo estoy contigo" (Isaías 41:10) podrías hacer una frase que diga algo como "No tengo miedo porque sé que Dios está conmigo y nunca me dejará".

En este punto, pon en funcionamiento la conexión mente-boca y pronuncia tu declaración en voz alta. Te sugiero que practiques con el ejemplo que acabo de dar. Sé que puede parecerte extraño al principio, pero oblígate tú mismo y hazlo de todos modos.

**CUARTO PASO : REPÍTELO**

A lo largo del día o al final del mismo, vuelve a tus reflexiones y a tu declaración personal. Tómate otro momento para reflexionar sobre lo que significa el versículo y pronúncialo en voz alta.

Recuerda, así como necesitas semanas para crear un nuevo hábito, este proceso también requerirá tiempo e intención para transformar tu mente lo suficiente como para ver resultados. Pero como se promete en las Escrituras y se demostró a través de la ciencia, eso está conteniendo los pensamientos negativos y enseñando a tu mente a pensar de acuerdo a la verdad cada vez que lo hagas.

**3. Tus palabras controlan tu comportamiento.**

Se reunió a un grupo de niños en edad preescolar en una habitación y se les dieron dos minutos a cada uno para jugar.[7] Una vez que terminó ese tiempo, un adulto les indicó que no tocaran un atractivo juego de trenes mientras él estaba fuera de la habitación. El adulto no salió de la habitación por mucho tiempo, solo tres minutos, pero todos sabemos lo difícil que puede ser resistirse a algo que deseas desesperadamente cuando está justo frente a ti. (¡Es por eso que no puedo tener chocolate guardado en mi casa!) Para los niños que tienen menos fuerza de voluntad que el adulto promedio, esos tres minutos deben haber sido angustiosos.

Lo que los pequeños no sabían era que mientras el adulto no estaba, sus comportamientos estaban siendo observados por una cámara. ¿El resultado? Los chicos que hablaron consigo mismos tuvieron más probabilidades de evitar tocar el tren. En resumen, al usar sus palabras, pudieron resistir la tentación.

Este estudio infantil no es el único que revela el efecto que tienen las palabras al influir en el comportamiento de alguien. La conexión mente-boca también se observa a menudo en los atletas. En un grupo de jugadores de baloncesto, se observó que el diálogo interno mejoraba su juego bajo presión.[8] Una escuadra de ciclistas observó que el diálogo interno aumentaba su capacidad para soportar las dificultades del entrenamiento.[9] Hay muchos más estudios que confirman los mismos beneficios.

Cualquiera que esté familiarizado con la Palabra de Dios no debería sorprenderse con estos hallazgos científicos que muestran cómo las palabras afectan al comportamiento. El apóstol Santiago comparó las palabras con el freno usado en la boca de un caballo que controla la forma en que va (ver Santiago 3:3). Santiago también dijo: "Pues, si pudiéramos dominar la lengua, seríamos perfectos, capaces de controlarnos en todo sentido" (Santiago 3:2 NTV). Jesús mismo usó palabras para resistir la tentación del diablo durante un momento en que estaba particularmente hambriento y exhausto. ¿Conoces la historia?

Cuando Jesús fue bautizado por su primo, Juan, en el río Jordán, el Espíritu de Dios descendió y declaró una identidad sobre él. El Padre dijo: "Este es mi Hijo amado; estoy muy complacido con él" (Mateo 3:17). Inmediatamente después de esa palabra definitoria, Jesús salió al desierto donde ayunó durante cuarenta días. Al final de su tiempo allí, sin duda hambriento y cansado, el diablo acudió a cuestionar lo que Dios acababa de declarar. Tres veces, el enemigo comenzó su tentación socavando la identidad declarada por Dios en cuanto a Jesús. La forma en que Jesús trató con el diablo es un modelo para todos nosotros en tiempos de tentación. No pensó en alejarlo ni luchó contra él. Pero en todo caso, Jesús respondió al argumento del enemigo con: "Las Escrituras dicen..." (ver Mateo 4:1-11). En otras palabras, Jesús usó la Palabra de Dios para exigirle al diablo que se callara. Este es un principio crucial que puedes usar para acabar con la influencia del enemigo en tu vida. Aun cuando los estudios científicos que mencioné se refieren al diálogo interno de manera general, no estoy abogando por meros discursos motivacionales, aunque no hay nada de malo en un "¡Puedo hacer esto!" ocasional. Y debido al diseño de Dios, ese tipo de cosas pueden funcionar para motivarte por un momento. Pero ese tipo de palabras no asustan al diablo. Solo la Palabra de Dios lo hace. El libro de los Salmos dice que solo hablar la Palabra de Dios trae refrigerio y renovación (ver Salmos 1:2-3).

El solo hecho de hablar la Palabra de Dios es lo que detiene los pensamientos negativos y le enseña a tu mente la verdad que a fin de cuentas transforma toda tu vida.

## Ponlo en práctica

Hemos cubierto mucho en este capítulo, pero la esencia de la información es esta: cerrarle la boca al diablo implica abrir la tuya. Con tus palabras, influyes en tus creencias. Con tus creencias, influyes en cómo ves las cosas y lo que haces. Por eso para triunfar en tus batallas tienes que alinear tu mente y tu boca con las verdades de Dios. Saber quién eres y lo que tienes en Cristo mantiene al enemigo silenciado.

Con esta base, estamos listos para pasar a la segunda parte de este libro. Esta sección te ayudará a poner en práctica todo lo que has aprendido en cuanto a acabar con las mentiras más comunes y paralizantes del enemigo. Así es como procederemos. Cada capítulo se titula de acuerdo a la mentira que la mayoría de nosotros escuchamos —con frecuencia— en nuestra mente. Para combatir esa mentira, te daré la verdad de la Palabra de Dios que construye tu fe en la realidad de lo que eres en Dios y lo que eres tú para él. Al final de cada capítulo, tendrás la oportunidad de poner en práctica la conexión mente-boca que aprendiste. Te guiaré en una declaración personalizada para ayudarte a cimentar la verdad en ti. Por cierto, te recomiendo que leas estos capítulos en orden, ya que cada uno contiene principios que son fundamentales para los siguientes.

¡Mantente expectante! A medida que ataques las raíces de las mentiras con la verdad, creo que los derivados de ellas (miedo, inseguridad, desesperanza, vergüenza, etc.) cederán su control sobre ti. La libertad está al voltear la página. ¡Vamos!

## Oración

*Padre, gracias por tus palabras que declaran que soy nuevo, justo, amado incondicionalmente, completo y valorado. Ayúdame a alinear mis palabras con las tuyas. En tiempos de negatividad o tentación, aviva mi mente y mi boca con la verdad que resiste. Mientras reflexiono y declaro tus verdades de manera proactiva, úsalas para cambiarme a fin de que me parezca más a ti, Jesús. En tu nombre lo pido, amén.*

## Preguntas de reflexión

1. ¿Cómo han influido tus pensamientos y creencias en tus palabras? ¿Cómo ha afectado eso tu vida?

2. Medita en algunos de los pensamientos negativos con los que has luchado últimamente. ¿Cuál de ellos es una declaración personalizada de la verdad que puedes decir para impedirles que vuelvan?

3. Considera algunas de las situaciones que están sucediendo en tu vida en este momento. ¿Cuáles son algunas formas en las que ves a Dios trabajando por las cuales puedes comenzar a alabarlo?

4. ¿Cuál es una estrategia alcanzable para ayudarte a pasar unos minutos reflexionando sobre las verdades de Dios? ¿Hay alguna emoción específica en la que necesites trabajar? ¿Hay algún momento concreto del día en el que puedas reflexionar?

5. Hasta ahora, ¿cómo han influido tus palabras en tu comportamiento? ¿Cómo podrías cambiar tus palabras para ayudarte a resistir la tentación, arriesgarte o cumplir con algo que Dios te ha pedido que hagas?

# CONFRONTA LAS MENTIRAS

# 5

# "Aún eres un pecador terrible".

Me gustaría que pudieras pasar un día conmigo para que veas algunos de los mensajes que recibo en mis redes sociales. Estoy seguro de que tu corazón se rompería con el mío al leer las historias de personas profundamente quebrantadas que se preocupan por cosas significativas para ellos, especialmente a los ojos de Dios.

Sin duda, no estoy hablando de personas que están enamoradas de estilos de vida promiscuos o rebeldes y que buscan la bendición de Dios para continuar con sus comportamientos destructivos. No, estoy hablando de cristianos de buena fe, algunos de los cuales han sido creyentes durante décadas, que usan sus dispositivos como una especie de confesionario digital para admitir cosas que detestan sobre sí mismos. Confiesan luchas emocionales y físicas que a pesar de sus mayores esfuerzos y devoción por Cristo nunca han podido abandonar.

Pienso en la mujer de mediana edad que tiene al menos unas cuantas tallas más de lo que la sociedad considera aceptable y que ha comenzado una dieta tras otra solo para terminar peor que cuando comenzó. Ella sabe que Dios tiene el poder para acabar con su adicción a la comida, porque lo ha visto hacerlo por otros; pero, se pregunta, por qué en veinte años de seguirlo —con fe— él no ha hecho nada por ella.

Pienso en el joven que tiene atracciones que no ceden pese a lo que ore o a cuántas sesiones de liberación asista. Durante casi una década, ha escuchado las calumnias de sus compañeros en el grupo de jóvenes, e incluso a veces desde el púlpito, sobre personas como él, por lo que se ha mantenido reprimido. Solo se permite preguntarle a alguien al otro lado de una pantalla: *¿Por qué Dios no me cambia?*

Me parece que esas personas son luchadoras sinceras. Muchos de ellos batallan más que otros. Luchan con un susurro constante que pone en duda la autenticidad de su fe. En sus mentes, escuchan acusaciones vergonzosas como: *No eres realmente cristiano, Aún eres un pecador horrible o Estás equivocado.* No es sorprendente que la duda insistente sobre su condición ante Dios cree sus propias acusaciones.

Después de años de escuchar a cristianos con luchas persistentes, he descubierto que la creencia de que algo en su vida los hace no aceptos ante Dios es la raíz de la mayor parte de la inseguridad, la ansiedad, la depresión u otras cosas peores.

Quizás se me rompa el corazón por esas personas porque entiendo su difícil situación. Aunque es posible que no tenga exactamente la misma historia que muchas personas que me escriben, sé lo que es amar al Señor e incluso lidiar con cosas que parecen contrarias a las cosas que Dios promete. Sé lo que es sentir el aliento del enemigo en los oídos argumentando que esto o aquello que te ocurre significa que Dios no escucha tus oraciones, o que estás demasiado sucio o en mal estado para pertenecer a la familia de él.

Cuando tenía veintitantos años, casi exactamente una década de haberme convertido, años de contender con las mismas luchas estallaron en una protesta verbal a Dios durante la oración.

"Me has prometido que todas las cosas serán hechas nuevas", oré. "Pero, ¿por qué sigo sintiendo las mismas cosas de siempre? ¿Qué más necesito hacer?". ¿Le has pedido a Dios algo similar? Tal vez le has dicho: "¿Por qué sigo tan ansioso?", "¿Por qué me enfado tanto?", "¿Por qué sigo teniendo estos pensamientos?" o, incluso, "¿Por qué sigo siendo atraído por los mismos pecados?". ¿Hay algo en ti que teme que tenga que ver con la falta de fe o que no seas un verdadero cristiano en absoluto?

No puedo responder a todos los *porqués* que experimentas. Vivimos en un mundo caído, donde muchas experiencias no son como deberían ser. Pero puedo asegurarte lo que esas experiencias no significan. Si sinceramente le has dicho que sí a Jesús, tus luchas no significan que no eres un verdadero cristiano. No significan que todavía eres un pecador horrible o que estás equivocado, que no tienes nada que ver con Dios. Como estás a punto de descubrir, la razón por la que puedo decir esto se encuentra en la esencia misma del evangelio.

### El gran cambio de identidad

En la primera parte de este libro, exploramos cómo usa el enemigo la evidencia de tu vida para definirte de alguna manera desesperada. Él argumenta: "Puesto que hiciste tal cosa o sentiste esto o caíste en aquello, lo que eres es esto". Pero todo eso es mentira. Como cristiano, Dios no te define por tus debilidades, tus luchas ni por tus pecados. No, te define de acuerdo a Jesús. Pura y hermosamente por Jesús.

He aquí por qué eso es cierto. En el momento en que le dijiste sí a Jesús: "Sí, Jesús, creo que eres el Hijo de Dios"; "Sí, Jesús, creo que resucitaste de entre los muertos", la Biblia asegura que te convertiste en una persona nueva (ver Romanos 10:9; 2 Corintios 5:17). Esa es la salvación.

El término teológico para lo que sucede en ese momento salvífico es regeneración. Esa es una gran palabra que simplemente significa "la formación de algo nuevo".[1]

Sin embargo, entre las primeras seis letras de la palabra *regeneración* hay un vocablo que describe mucho mejor lo que sucede. Esto es *regene*.

Como sabes, tus genes son los rasgos heredados de tus padres que conforman lo que eres. Determinan cualidades como el color de la piel, el de los ojos y el del cabello, así como la forma de tus rasgos y ciertas características de tu personalidad. Pero tú y yo no solo recibimos genes de nuestros padres biológicos inmediatos. No, heredamos genes espirituales de nuestros antepasados más antiguos, Adán y Eva. Por desdicha, su caída en pecado transfirió una naturaleza pecaminosa a cada uno de nosotros, por lo que estamos inclinados a la negatividad y al fracaso desde el momento en que somos concebidos. Nacemos pecadores, aunque no por elección propia. A lo largo de la vida, actuamos y reaccionamos en base a esa identidad que es la fuente de nuestra vergüenza y separación de Dios.

El Antiguo Testamento relata la historia del pueblo de Dios tratando de vencer su naturaleza pecaminosa para obtener la paz y la aceptación de Dios. Para ello, siguieron requisitos rígidos e hicieron espantosos sacrificios. Aun así, sus mejores esfuerzos y comportamientos solo pudieron cubrir su pecado temporalmente; no podían cambiar la naturaleza con la que nacieron.

Dios no estaba satisfecho con que su pueblo amado permaneciera en una condición que los mantuviera separados de él. Así que envió a su Hijo a hacer algo que ellos nunca podrían. Después de treinta y tantos años sin pecado en carne humana, Jesús se sometió a la forma de ejecución más cruel de la historia: la crucifixión en una cruz. Colgado de un árbol con todo su peso sostenido solo por clavos que atravesaban sus manos y sus pies, Jesús soportó horas de azotes que lo maltrataron hasta desfigurarlo.

Por lo horribles que fueron esos acontecimientos, debemos tener cuidado de no confundir la tortura de la cruz como algo que salió mal. Jesús no llegó a ella por sorpresa ni por derrota. No, el plan de Dios para transformar esencialmente a su pueblo —y llevarlo de vuelta a él—, desde el principio, fue la cruz.

La Biblia revela que cada golpe que Jesús recibió en su cuerpo inmaculado fue por los pecados de la humanidad, por lo que llevó el castigo que el pecado merece (ver Romanos 3:25). La cruz fue un momento de sacrificio, no como los que había realizado el pueblo de Dios que necesitaban repetirlo cada año. A través de la crucifixión, Jesús fue el sacrificio concluyente, colocado en el altar del mundo para quitar nuestros pecados de una vez por todas (ver Hebreos 10:10).

Colgado en la cruz, en lugar nuestro, Jesús eliminó nuestra identidad pecaminosa para que pudiéramos tener su identidad justa. El apóstol Pablo se jactaba de ello en la manera siguiente: "Al que no cometió pecado alguno, por nosotros Dios lo trató como pecador, para que en él recibiéramos la justicia de Dios" (2 Corintios 5:21). Lo que sucedió en la cruz no fue un cambio temporal ni sutil. No representa una simple cubierta del pecado. ¡Es su ruina total!

Jesús vino a intercambiar nuestra identidad con la de él, para regenerarnos por completo a lo que él es: verdaderamente justo y santo (ver Efesios 4:24). Es más, este gran cambio de identidad no se logra a través de un medio complicado, sino que simplemente se recibe al creer (ver Romanos 10:10). Para decirlo personalmente, en el mismo momento en que le dijiste sí a Jesús, obtuviste genes diseñados que te transformaron instantáneamente de un hombre viejo a uno nuevo, de sucio a limpio, de pecador a santo y de lo malo a lo bueno.

## El guardián de tu corazón

Cuando reflexiono sobre la primera década en mi trayectoria cristiana, veo que gran parte de la tensión que sentía se debía a que intentaba hacerme lo suficientemente bueno y limpio para Dios. Por eso siempre cuestionaba mi condición ante él.

*¿Qué más necesito hacer?* Más tarde descubrí que esa pregunta no venía de Dios sino del enemigo. Es el diablo el que siempre insiste en que hay que hacer más, lo hace con el fin de vencernos y desgastarnos.

El apóstol Pablo sabía lo peligroso que es vivir como creyente sin la seguridad de estar bien con Dios. Por eso comparó la justicia con una pieza de armadura. Pablo detalla seis artículos protectores que representan lo que los creyentes poseen en Cristo: el cinturón de la verdad, la coraza de la justicia, el calzado de la paz, el escudo de la fe, el yelmo de la salvación y la espada del Espíritu, que es la Palabra de Dios (ver Efesios 6:10-17). Hace algunos años, hice un estudio profundo acerca de la armadura en preparación para un curso que impartí.[2] No tengo espacio aquí para detallar cada pieza, pero la coraza de justicia es especialmente reveladora.

Pablo presenta la armadura de Dios al describir su propósito: "Pónganse toda la armadura de Dios para que puedan hacer frente a las artimañas del diablo" (Efesios 6:11). Luego continúa afirmando: "Manténganse firmes, ceñidos con el cinturón de la verdad, protegidos por la coraza de justicia" (Efesios 6:14). Sin duda, Pablo enumeró esos artículos —en orden— a propósito. Él comienza con la verdad porque es fundamental en nuestras batallas. Eso es lo que exploramos en la primera parte de este libro.

Sin embargo, en segundo lugar, después del cinturón de la verdad está la coraza de la justicia. Como ilustración visual para mi curso, utilicé réplicas de tamaño real de cada componente de la armadura. Si pudieras verlos en este momento, apreciarías que de todas las piezas del uniforme, la coraza del soldado era lo más identificador. No podía pasar inadvertido.

Tendrás que imaginarlo conmigo. La coraza estaba hecha de placas de bronce o hierro que envolvían todo el torso y los hombros del soldado. Entretejida con esas placas, la coraza reflejaba el sol y brillaba cuando el soldado se movía. Aunque las placas la convertían en una de las piezas más hermosas de la armadura, no la descartes como algo superfluo o vanidoso. Con un peso de al menos veinte kilogramos, el soldado no podía ignorar su presencia. No podía olvidar por qué estaba sobre él, que era para proteger su corazón. Ahí está, otra vez, esa palabra: *corazón.* Recuerda que en el capítulo anterior dijimos que el corazón bíblico no representa al órgano físico —que está en el centro de nuestro pecho—, sino la esencia interna de la persona. Tu corazón es el núcleo de lo que eres y afecta todo lo que tiene que ver contigo. Considera la instrucción de Proverbios 4:23 en cuanto a que "sobre toda cosa guardada, guarda tu corazón" y la revelación de la justicia como armadura. El guardián de tu corazón es la confianza en tu buena reputación ante Dios que es posible solo por la obra terminada por Jesús. Esa seguridad repele los dardos de duda del enemigo y cualquier tipo de cuestionamiento —como por ejemplo: ¿Realmente Dios te...?— que tengan como objetivo llegar a tu núcleo. ¿Alguna vez has oído uno de los siguientes enunciados?

"¿Realmente Dios te perdonó ese pecado?".
"¿Realmente Dios te ama a pesar de ese tema?".
"¿Realmente Dios tiene un plan para tu vida?".
"¿Realmente Dios satisfará tus necesidades?".

Recuerda que el diablo provocó la vergüenza de Adán y Eva al señalarles una fruta. Y para responder esas preguntas por ti, te señala toda la fruta podrida que tienes como prueba de que Dios no debería perdonarte, ni amarte, ni tener un plan para ti, ni proveerte, etc. Sin confianza en lo que eres en Cristo, cada promesa de Dios se desvirtúa con una razón por la que no deberías tenerla o no merecerla.

No puedo enfatizar lo suficiente el peligro que implica vivir sin la protección de la justicia, ya que sin ella estamos propensos a esforzarnos. En nuestro núcleo, estamos desesperados por la armonía con Dios. Como personas hechas a la imagen de Dios, no estamos completamente en paz hasta que sabemos que estamos en paz con aquel que nos creó.

Así como los niños desean instintivamente saber que sus padres se sienten orgullosos de ellos, nosotros —los hijos de Dios— no podemos evitar anhelar su aprobación, no necesariamente por lo que hacemos, sino por lo que somos. Perseguimos eso a través de la manera en que actuamos, que es la única forma que hemos aprendido para conseguir algo. El problema con el desempeño humano, sin embargo, es que es imperfecto. En el momento en que tropezamos y nos enfrentamos a la realidad de nuestra humanidad, tememos que nuestra situación ante Dios se afecte. Empezamos de nuevo a intentar recuperar la relación con él. ¿Reconoces ese ciclo continuo de vergüenza y agotamiento en tu propia vida?

Por favor, aprende la lección. Si continúas en el insensato ciclo de tratar de lograr cualquier cosa de parte de Dios, lucharás contra toda inseguridad, miedo, desánimo y emoción tóxica que sufre la humanidad. Eso se debe a que tratas de lograr algo que es imposible hacer por esfuerzo propio. No puedes trabajar a tu manera, lograr cosas ni comportarte como desees para estar bien con Dios. Ayudar a cien ancianitas a cruzar la calle en un solo día no servirá de nada. Dar todo tu dinero a los pobres tampoco. Aun cuando sean cosas moral, ética y afectuosamente correctas, no pueden cambiar fundamentalmente su esencia.

El punto principal que prueba el Antiguo Testamento, y toda la razón por la que Jesús vino, es que las obras no sirven de nada. Oro para que captes la simplicidad del evangelio en cuanto a que la obra de Jesús, no la tuya, es lo que te hace justo ante Dios (ver Romanos 10:10). Esa sola aceptación proporciona tu mayor protección contra el enemigo porque te quita toda razón para tratar de ganar algo de Dios.

## Hasta la raíz

Las batallas en los primeros años de mi vida cristiana estaban enraizadas en la vergüenza que cargaba por mis debilidades, remordimientos y palabras hirientes dichas sobre mí en el pasado. Los sentimientos de esa vergüenza son los que pensé que todo mi "hacer" podría arreglar. Pero siempre me sentía frustrado, porque a pesar de lo duro que me esforzaba, mis mayores logros y disciplinas espirituales solo me proporcionaban un alivio temporal. Completaba un ayuno de siete días solo con jugo para volver a sentirme como antes siete días después. Trabajaba para lograr algún reconocimiento en la iglesia solo para enfrentarme nuevamente a por qué no creía que era bueno. Por lo tanto, mi pregunta constante a Dios era: "¿Qué más necesito hacer?".

Comprender la verdad de mi correcta identidad en Cristo me liberó de la creencia de que solo bastaba tener suficiente fuerza de voluntad para arreglármelas por mí mismo. Sin embargo, encontré algo mucho mejor que convertirme en una mejor versión de mí. Finalmente encontré la paz conmigo mismo. Ese es el verdadero poder de la vida cristiana. La paz con Dios es paz contigo mismo y con el resto de las personas.

Habiendo dicho eso, lo que estoy a punto de compartir contigo puede dolerte por un minuto. Pero sigue leyendo, porque es la verdad que debes aplicar a la raíz de tus batallas. Es la realidad la que hará más que aliviarlos por un tiempo. Te sanará permanentemente si lo abrazas por completo.

Algunas cosas de tu pasado y de tu presente no puedes cambiarlas, no importa cuánto lo intentes. Por desdicha, una mujer que fue abusada sexualmente en su infancia no puede retroceder en el tiempo para detener el robo de su inocencia. Un soldado que tiene trastorno de estrés postraumático no puede eliminar los horrores que vio en el campo de batalla. Una persona que tiene problemas biológicos desde su nacimiento no puede volver a entrar en el útero y cambiar la forma en que su cerebro y las partes del cuerpo se unieron.

Dios tiene poder para sanar de manera milagrosa, por supuesto, por lo que ciertamente puedes orar. Además, existen mecanismos de afrontamiento psicológicos y médicos, así como medios de gestión de desencadenantes que pueden ser útiles. Pero aun cuando eso pueda eliminar los síntomas, no aborda la raíz de lo que realmente importa. Lo que en verdad importa es la vergonzosa creencia sobre lo que esos síntomas significan para ti. Como lo aprendí, no puedes hacer nada para eliminar la vergüenza que sientes. Es por eso que la curación duradera, la libertad y la paz se experimentan, en última instancia, solo al aceptar la verdad de que tu identidad errónea fue reemplazada por la identidad perfecta de Cristo.

¡Entiende esto! La justicia que tienes en Cristo implica que, a pesar de los malos sentimientos que experimentes, eres la persona correcta. Significa que, a pesar de los malos recuerdos, eres la persona correcta. Representa que, a pesar de los síntomas incorrectos, eres la persona correcta. Significa que, a pesar de una historia equivocada, eres la persona correcta. En otras palabras, ¡Cristo te arregla a pesar de ti!

## Libres del pecado

Los ataques del enemigo a un incrédulo son muy diferentes de los que le lanza al creyente. En aquellas personas que no han puesto su confianza en la obra salvadora de Cristo, el objetivo del diablo es impedir que lo hagan. En definitiva, quiere mantener a las personas eternamente separadas de su Creador. Eso es lo que la Biblia describe como el poder del pecado (ver Isaías 59:2; Romanos 6:23).

Es probable que podamos reconocer la obra del diablo, en nuestras propias vidas, para mantenernos separados de Dios antes de la salvación. Si no lo reconocemos en nuestro propio pasado, seguramente vemos que lo intenta con algunos de nuestros seres queridos. Él trabaja culturalmente a través de varias filosofías y teorías mundanas para velar la realidad de Dios de modo que la gente equipare todas las cosas con algún accidente sin sentido de la naturaleza. Él actúa personalmente a través del abuso, el trauma, el desastre, la enfermedad y cualquier otro elemento caída para torcer el carácter de Dios de tal manera que la gente no considere a una Deidad que permita tal dolor. También se dirige a las personas a través de adicciones y otros vicios para consumir su atención o incluso terminar con sus vidas antes de que tengan la oportunidad de escuchar las buenas nuevas. En el cristiano, sin embargo, esos ataques no tienen el mismo resultado. Eso se debe a que, como exploramos anteriormente, "nuestro viejo yo pecaminoso fue crucificado con Cristo" (Romanos 6:6). Sí, para los que creen en Cristo, el poder del pecado se rompe. Estamos libres de ello (ver Romanos 6:7-10).

Aunque parezca emocionante, la idea de que el poder del pecado se ha roto es lo que preocupa a muchos creyentes. Como todavía luchan con el pecado, comienzan a cuestionar si alguna vez fueron realmente cristianos. Por eso dicen: "Pero todavía peco, todavía lucho y todavía siento. Supongo que el poder del pecado no está roto en mí. Creo que no soy realmente cristiano".

¡Eso es mentira! El diablo solo puede usar el pecado para hacernos cuestionar nuestra condición ante Dios. Por todas las razones que cubrimos en este capítulo, el pecado ya no puede separarnos de él. Es por eso que Pablo se jactó: "[Nada] jamás podrá separarnos del amor de Dios que se revela en Cristo Jesús Señor nuestro" (Romanos 8:39). Profundizaremos más en esto en los próximos dos capítulos.

Por ahora, comprende que la Biblia no asegura que el cristiano nunca pecará ni luchará contra lo pecaminoso. Incluso el apóstol Juan advirtió que aquellos que afirman estar sin pecado solo se engañan a sí mismos (ver 1 Juan 1:8). Así que no caigas en la trampa del enemigo para vincular lo que haces con lo que eres. Como cristiano, lo que la Biblia asegura es que, aunque inevitablemente todavía caigas y fracases, esos fracasos ya no te definen.

El incomprensible significado de eso es que aun cuando todavía puedas pecar, ya no estás identificado como pecador. Después de todo, ¡fuiste regenerado con la identidad de Cristo! Tu victoria depende de renovar tu mente con esta verdad. Esta es precisamente la razón por la que el apóstol Pablo animó: "Así también vosotros, consideraos muertos al poder del pecado, y vivos para Dios en Cristo Jesús" (Romanos 6:11).

Nota que Pablo no nos instó a intentar estar muertos al pecado, como si fuera algo por hacer. No, dijo considerar, lo que significa "pensar cuidadosamente".[3] En otras palabras, renueva tu mente a la verdad de que tus pasos en falso, errores, fallas, faltas y deficiencias no cambian tu estatus ante Dios.

Con todo lo dicho, esto no significa que no debas desear ni buscar el crecimiento en tu vida. No significa que debas establecerte en el lugar en el que te encuentras hoy o que a Dios no le importe si dejas de pecar o no. Por supuesto, debes anhelar ser libre de los enredos y trampas que te lastiman, así como de los que lesionan a otros o desvían tu atención de Dios. Tu Padre celestial se preocupa íntimamente por lo que haces porque quiere lo mejor para tu vida.

Es incuestionable que el pecado y la lucha no son parte de lo mejor que Dios tiene para ti. Estoy seguro de que esta verdad es al menos parte de la razón por la que decidiste leer este libro: estás cansado de tratar con el mismo viejo ser, el mismo viejo hombre. Confía en mí, ¡lo entiendo!, tanto como tú. Pero te aseguro que nada físico, emocional o espiritual cambiará en tu vida hasta que empieces a creer correctamente.

Una vez escuché al difunto predicador, Adrian Rogers, decir: "El yo que veo es el yo que seré". Eso es lo que encontré en mi vida. Todo el esfuerzo de todos los años intentando cambiar cosas sobre mí nunca funcionó ni cambió nada en mí; por lo tanto, seguí produciendo frutos podridos de la nefasta raíz que hacía que me viera de esa forma. Pero cuando entendí lo real de mi nueva y justa identidad en Cristo, y me vi a mí mismo, la verdadera transformación comenzó a desarrollarse de adentro hacia afuera.

Piénsalo de esta manera: la creencia correcta influye en el comportamiento correcto, lo que resulta en una vida correcta. Muchísimos de nosotros luchamos porque creemos lo contrario.

## Mírate a ti mismo en él

Recuerda que tu verdadera identidad en Cristo es lo que el apóstol Pablo comparó con la coraza de un soldado. Como hemos visto, esa analogía está cargada de perspicacia para nuestra vida espiritual. Pero hay una revelación adicional y crucial de ello. De todas las piezas de la armadura que llevaba o sostenía el soldado, la coraza era la única pieza fija. ¡Estaba atada a él tan firmemente que nadie podía quitársela! Así es con tu justicia en Cristo. No es simplemente una cualidad acerca de lo que eres, sino que se convierte en quién eres y es inamovible. ¡Nada ni nadie, ni ninguna batalla, te la puede quitar!

Como instruyó Pablo: "Estad, pues firmes ... vestidos con la coraza de justicia" (Efesios 6:14). Considérate a ti mismo, adornado en su belleza y su atractivo, protegido por su peso. Vive tu vida cotidiana consciente de que, como creyente, reflejas al Hijo. ¡No hay sí ni peros al respecto! Te pareces a Jesús porque estás cubierto en él.

Ahora que tienes una visión adecuada de la persona que eres, debes ser consciente de que esto es solo una parte de la batalla. El enemigo también está detrás de lo que ves que eres es Dios. La manera en que ves a Dios determina cómo le das sentido a lo que sucede en el mundo que te rodea. Esta perspectiva afecta tu esperanza, tu alegría y tu paz. Destruir la mentira del enemigo en cuanto a la identidad de Dios es a lo que nos dirigimos en el próximo capítulo.

## ¡Háblalo!

No me identifican ni mis arrepentimientos pasados, ni mis luchas actuales, ni mis fallas ni mis fracasos, lo que me define es mi identidad en Cristo. Debido a mi creencia y mi confianza en Jesús, ¡soy una persona nueva y justa ante los ojos de Dios!

## Preguntas de reflexión

1. ¿Qué luchas o sentimientos se han usado para hacerte cuestionar la autenticidad de tu cristianismo o de tu condición ante Dios?
2. ¿Por qué crees que esas experiencias te causaron vergüenza aunque otras no tuvieron el mismo impacto?
3. ¿Cuáles son algunas de las formas en que has intentado operar o hacer tu camino de vuelta a una posición correcta con Dios? ¿Cuál ha sido el resultado físico, emocional o espiritual?
4. Reflexiona en cuanto al concepto de que la justicia se recibe por la aceptación y no por el desempeño. ¿Qué cambios harás en tu vida basados en esa verdad?
5. Puede haber momentos en los que no te sientas valioso. ¿Qué pasajes de las Escrituras o qué verdades puedes decirte cuando eso surge en ti?

# 6

**MENTIRA:**

# "DIOS TE ESTÁ CASTIGANDO".

—¿Puedo preguntarte algo, Kyle? —preguntó David tímidamente mientras saludaba a la gente en el vestíbulo después del servicio del domingo por la mañana.

—Claro. ¿Qué está sucediendo? —respondí. Después de una respiración profunda, David comenzó a contarme algo que lo había perseguido durante casi veinte años.

—Cuando solo tenía quince años, mi mamá falleció repentinamente de cáncer —confesó con los ojos llorosos—. Ninguno de nosotros esperaba eso. En un momento estaba llena de toda la alegría de la vida y, al día siguiente, estaba doblada de dolor y camino al hospital. Tres meses después, murió.

Mientras mi corazón se rompía por la pérdida de su madre a una edad tan crucial, David me contó más de su historia.

—También perdí a mi padre ese día —dijo.

Un poco desconcertado, aclaré:

—¿Quieres decir que tanto tu madre como tu padre murieron el mismo día?

—No, no —explicó—. Cuando mi mamá respiró por última vez, mi papá se sumió casi instantáneamente en la desesperación. Por años, apenas pudo cuidar de sí mismo, y mucho menos de mis hermanos menores y de mí.

David continuó revelando que poco después de la muerte de su madre, una pareja generosa y compasiva en la comunidad de su iglesia vio el deterioro de su familia y lo incorporaron a él a la suya. Aun cuando su cuidado satisfacía sus necesidades físicas, su siguiente pregunta reveló la raíz de un tormento espiritual que había sufrido hasta el día en que hablamos.

—¿Sería por culpa mía que murió mi mamá? —expresó como si la pregunta hubiera estado reprimida dentro de él por años.

Antes de lanzar mi respuesta, necesitaba entender mejor por qué temía que él fuera el causante de la muerte de su madre y el posterior dolor de su familia.

—¿Porque te sientes así?

Procedió a confiarme que, en la temporada en que su madre enfermó, él estaba luchando contra un espíritu rebelde. Aunque conocía a Dios y amaba a Jesús, tenía preguntas que no siempre planteaba de la manera más respetuosa a sus maestros de escuela dominical.

—Además —admitió David—, mis hormonas estaban al máximo y no estoy orgulloso de las cosas que hice en ese aspecto de mi vida.

La rebeldía y la lujuria no son nada atípicas en un chico de quince años, pero cuando eres un adolescente que busca razones de por qué tu mundo se ha puesto patas arriba, el primer lugar en el que miras es hacia adentro. Muchos preguntan: "¿Qué he hecho?". Para David, sin embargo, no era solo su propia voz interna la que hacía esas acusaciones. Se dio cuenta de que la gente de la iglesia culpaba de la falta de curación de su madre a su falta de fe. Al fin, algunos incluso le dijeron que el peligro de su familia era el resultado del castigo de Dios por sus pecados.

—¿Era qué? —imploró David—. ¿Todas esas cosas malas que le sucedieron a mi familia fueron producto del castigo de

Dios por mi pecado? —me dijo como una pregunta, pero me di cuenta (por lo que luego expresó) que era más una conclusión inevitable para él.

A lo largo de los años, David había aceptado la creencia de que sus pecados habían provocado la ira de Dios. Y aunque siguió asistiendo a la iglesia por costumbre, luchaba contra la inseguridad con Dios y una relación intermitente con él. Pero algo que dije en el mensaje esa mañana lo llevó a levantar la vista del juego que había estado jugando en su teléfono y se preguntó: "¿He estado creyendo una mentira?".

## ¿Es Dios realmente bueno?

Los adolescentes no son los únicos que creen que cuando les sucede algo desdichado es porque ofendieron a Dios. Recibo correos electrónicos frecuentes de adultos —de todas las edades— que temen que alguna crisis financiera o de salud repentina sea consecuencia de la ira de Dios por sus fallas.

Un Dios enojado que busca formas de afligirnos no lo representa a él, pero es la historia que el diablo ha inventado para erosionar nuestra relación con él. Si puede hacer eso, puede robar nuestra única fuente de verdadero poder, alegría, paz y significado. La Biblia muestra certeza sobre el carácter de Dios: Él es bueno. De principio a fin, la Escritura se jacta de ello. Los libros del Antiguo Testamento alaban repetidamente: "Den gracias al Señor, porque él es bueno" (ver Salmos 107:1; 118:1; 136:1; 1 Crónicas 16:34). En el Nuevo Testamento, Jesús lo afirmó (ver Marcos 10:18). El apóstol Juan también lo hizo, agregando: "no hay tinieblas en él" (1 Juan 1:5).

El bien es el aspecto fundamental de la persona que es Dios. Es la cualidad de la cual fluye todo lo demás acerca de él. Dios ama, sana y provee porque es bueno. Además, como reveló el apóstol Pablo, su bondad es lo que nos acerca a él (ver Romanos 2:4). Eso se refleja en nuestras relaciones humanas, en las que naturalmente nos acercamos a quienes nos tratan bien y se interesan por nuestras vidas. Eso no es algo egoísta; es algo integrado en nosotros por nuestro Creador para servir como un medio de protección. Nadie quiere estar cerca de alguien que abusa o maltrata. De la misma manera, nadie quiere tener relación con un dios que percibe que solo causa dolor y sufrimiento, que no se interesa por la vida de nadie o que está esperando para castigar a la persona. Y el diablo sabe eso muy bien.

"¿Es Dios realmente bueno?" es la pregunta que el diablo ha estado incitando a la gente a plantearse desde el principio. Cuando sondeó a Adán y a Eva con: "¿Es verdad que Dios les dijo que no comieran de ningún árbol del jardín?" (Génesis 3:1), lo que realmente estaba preguntando era: "¿Pueden confiar en que Dios tiene en su corazón lo mejor para ustedes? ¿Les está ocultando algo?" En otras palabras: "¿Es Dios, realmente, bueno?".

Cualquier conversación sobre el sufrimiento trae a la mente la historia de Job. Tenemos la ventaja de saber lo que estaba sucediendo tras escenario. En ese momento, sin embargo, Job no sabía que la pérdida repentina de su salud, sus hijos, sus pertenencias y su dignidad eran planes del enemigo. Más bien, se le hizo creer que Dios había hecho esas cosas. Entonces Satanás lo incitó a maldecir el carácter de Dios (ver Job 2:9).

Nada ha cambiado en miles de años de historia humana. Todavía hoy, el diablo usa las desgracias tanto en los incrédulos como en los creyentes para quitarse de en medio y hacer que Dios parezca el autor de todos los problemas. En cuanto al dolor o al sufrimiento, así como a la enfermedad, tiene la intención de que preguntes: "¿Por qué Dios me dio esto?". A partir de pruebas o desastres, como la trágica pérdida de un hogar, un trabajo o un ser querido, te incita a que preguntes: "¿Por qué Dios me hizo esto?". Al señalar una debilidad, lucha o discapacidad personal, el enemigo quiere que protestes: "Dios, ¿por qué me creaste de esta manera?".

Por desdicha, el concepto de un Dios enojado está tan arraigado en la mayoría de nosotros que nunca nos detenemos a pensar: *Tal vez lo que experimenté nunca se originó en Dios, en primer lugar. Quizás lo que estoy pasando no sea voluntad de Dios, no inmiscuya la mano de Dios o no sea plan de Dios, en absoluto.* En vez de eso, respondemos como lo hizo David a la muerte de su madre, y miramos dentro de nosotros mismos por la razón de que estamos siendo castigados por Dios. Pero ¿nos está castigando?

## ¿Castiga Dios todavía?

A menudo sé de personas que crecieron en tradiciones religiosas que ven a Dios como un dictador airado que está listo para castigar cada paso en falso. En mi caso, recuerdo que los maestros en la escuela de mi iglesia nos advertían con frecuencia a mis compañeros y a mí que nos comportáramos bien, de lo contrario, "¡Dios te castigará!". No es difícil entender por qué esta amenaza no hizo nada para mejorar mi relación con Dios. Tampoco funcionó para evitar que me portase mal.

No culpo a las personas que intentaron motivarme con temor al castigo de Dios. No creo que hayan tratado intencionalmente de tergiversar el carácter de Dios ni causar algún tipo de distanciamiento entre Dios y yo. Muchos solo repetían creencias que habían sido transmitidas por otros que inocentemente confundían la forma en que Dios se relaciona con la gente hoy y el modo en que Dios se relaciona con la gente en el Antiguo Testamento.

Veo esa confusión en la mayoría de los que me escriben por temor a que su sufrimiento sea castigo de Dios. Ven instancias en las Escrituras en las que Dios destruyó ciudades enteras, envió enfermedades o retuvo bendiciones debido a la desobediencia y el pecado. En consecuencia, asumen que "Dios debe estar haciendo lo mismo conmigo".

Sin duda, las historias de la ira de Dios contra el pecado existen en las Escrituras. En el Antiguo Testamento, Dios odiaba tanto el abismo que el pecado había puesto entre él y su pueblo que a veces su ira ardía ferozmente contra esa gente. Aun así, en medio de algunas de las críticas más agudas de Dios, daba pistas de que no deseaba que su ira durara para siempre. Aun cuando castigó a su pueblo por la adoración a los ídolos, Dios les dio una palabra —a través de su profeta Isaías— acerca de un vistazo a la gracia futura: "Pues no pelearé contra ustedes para siempre; no estaré siempre enojado" (Isaías 57:16 NTV).

¿Por qué dio Dios tal aviso a su pueblo? ¿Fue acaso porque cambió de parecer respecto a la seriedad del pecado? ¿Acaso decidió, de repente, que la desobediencia no era tan mala después de todo? Difícilmente. Eso fue porque Dios sabía que estaba a punto de lidiar con el pecado de una manera que satisfaría su ira para siempre.

Unos setecientos años después que Dios reveló sus intenciones a través de Isaías, envió a su Hijo Jesús a este mundo. En previsión de lo que Jesús lograría, huestes de ángeles estallaron celebrando su nacimiento. Se regocijaron diciendo: "Gloria a Dios en las alturas, y en la tierra paz, ¡buena voluntad para con los hombres!" (Lucas 2:14 RVR60).

Es probable que hayas escuchado o visto estas palabras antes, aunque solo sea en una tarjeta de Navidad. A primera vista, los ángeles parecen celebrar el nacimiento de Jesús como el fin del dolor y los problemas en la tierra. Pero el propio Jesús refutó esa idea: "En este mundo afrontarán aflicciones" (Juan 16:33). Más de dos mil años después, todavía apreciamos las realidades de esos juicios.

Si no es el fin del sufrimiento, ¿qué tipo de paz anunciaron los ángeles en el nacimiento de Jesús? ¡La paz de toda paz! Anunciaron la llegada de Aquel que traería la paz permanente entre Dios y la humanidad. Anunciaban a Aquel que estaba destinado de una vez por todas a tomar la ira y el castigo que Dios había reservado contra el pecado.

Eso es precisamente lo que hizo Jesús en la cruz. Como tratamos en el capítulo anterior, Jesús colgó de la cruz en nuestro lugar convirtiéndose en nuestro pecado. A través de su crucifixión, "Dios estaba en Cristo, reconciliando consigo al mundo, no tomándoles más en cuenta los pecados de los hombres" (2 Corintios 5:19). Lee eso de nuevo. ¡Lo que Jesús logró no puede ser más claro que eso! En la cruz, Jesús tomó todo el castigo de Dios por el pecado, acabando así con la ira divina y estableciendo para siempre nuestra paz con Dios como lo habían anunciado los ángeles en su nacimiento.

A veces temo que minimicemos la obra de Jesús como un simple apaciguamiento del sistema veterotestamentario. En verdad, él cambió fundamentalmente el sistema, dando paso a una nueva relación de paz entre Dios y su pueblo. Hoy, debido a la obra completa de Jesús, Dios ya no envía desastres naturales ni enfermedades, ni retiene las bendiciones como una amenaza para que nos pongamos en forma o como un castigo por cómo nos hemos equivocado. Más bien, usa su Espíritu Santo para motivar.

A los incrédulos, el Espíritu Santo de Dios obra fuera de ellos para mostrarles su necesidad de Jesús (ver Juan 16:7-9). Para los creyentes, el Espíritu Santo de Dios obra en ellos con el fin de dirigirlos y guiarlos. Y aunque la dirección del Espíritu Santo a veces pueda ser fuerte y desafiante, nunca castiga ni condena. Lo que todo eso significa es que Dios no está enojado contigo. ¡Ni siquiera está de mal humor! Si has aceptado a Jesús, entonces estás en paz con Dios.

Sin embargo, nuestro mundo y nuestra vida personal no siempre son pacíficos. Abundan las tragedias, los problemas y las pruebas. Pero si no son de la mano de Dios, ¿de dónde vienen?

## Por qué suceden cosas malas

Imagínate que pasas por un depósito de chatarra lleno de vehículos destrozados, descuartizados y hechos pedazos.

Nadie miraría ninguno de esos autos y se preguntaría por qué su fabricante los creó en esa condición, ni nos preguntaríamos por qué el fabricante le hizo eso al vehículo. Eso se debe a que sabemos que los fabricantes de automóviles crean vehículos en las mejores condiciones posibles. No crean un vehículo roto, ni los destrozan ellos mismos. No, están así porque sucedió algo más que era ajeno a la voluntad original del fabricante.

Esta analogía nos ayuda a comprender el estado de nuestro mundo y de nuestra vida personal. Nuestro Dios bueno y perfecto no podría crear nada diferente a eso. La Biblia lo afirma. Después de completar los seis días de la creación, Dios miró su obra y "vio que era muy buena" (Génesis 1:31). En consecuencia, puedes estar seguro de que el dolor, la lucha y el quebrantamiento que ves y experimentas en el mundo no se deben a que Dios así lo quiera. Debe haber otra razón para este mundo destrozado y todo el dolor que existe en él, y la hay. Tres razones, de hecho, que no tienen nada que ver con Dios.

### Primera razón: Las consecuencias del mundo caído

El pecado original de Adán y Eva tuvo un efecto catastrófico en el mundo que Dios creó perfectamente. Es lo que se conoce como la Caída. El apóstol Pablo describió lo que sucedió: "Cuando Adán pecó, el pecado entró en el mundo. El pecado de Adán trajo muerte, así la muerte pasó a todos" (Romanos 5:12).

Una comparación rápida de Génesis 1 y 2 con los siguientes capítulos es suficiente para mostrar la diferencia radical entre la creación antes de la Caída y después de ella. Antes de la Caída, no había muerte ni nada que condujera a ello, como enfermedad, desastre o carencia. Inmediatamente después de la Caída, la gente experimentó vergüenza, dolor, maldad y malas intenciones y, por supuesto, la muerte. Incluso el ambiente cambió. La tierra se volvió difícil de trabajar (ver Génesis 3:17) y la vegetación ya no era lo suficientemente nutritiva para sustentar la salud humana. Es por eso que finalmente Dios autorizó la ingesta de carne (ver Génesis 9:3).

Como dijo Pablo, el pecado de la primera pareja no solo afectó a una o dos generaciones, sino que contagió todos los aspectos de la creación y la humanidad en formas que aumentan como una bola de nieve a medida que pasa el tiempo. Considera la consecuencia del pecado en la salud. Debido a que nuestras fuentes de alimentos no tienen los nutrientes que alguna vez tuvieron, nuestros cuerpos ya no funcionan como fueron diseñados. Sin los nutrientes adecuados, no pensamos con tanta claridad ni trabajamos tan eficientemente, y nuestro sistema inmunológico funciona solo a una fracción de su capacidad. Intentamos suplir esas carencias con vitaminas, medicinas, vacunas y batidos de proteínas. Pero por desdicha, e incluso con nuestros logros científicos revolucionarios, la gente todavía se enferma y muere.

El ambiente caído significa que los defectos genéticos se transmiten de nuestros padres. También significa que no todo se junta como debería en el útero. Como copias caídas de ejemplares caídos, las personas nacen con ciertas discapacidades y diferencias que no son culpa ni elección propia.

Por último, las realidades de nuestro mundo caído influyen en la envidia, la codicia y el miedo. Con un suministro limitado de recursos, algunos tienen más que suficiente y otros no. Muchos que tienen suficiente anhelan tener más. Muchos que no tienen odian a los que sí. Algunas de las formas más crueles, perversas y llenas de prejuicios en que nos tratamos unos a otros, sin mencionar las cualidades más injustas de nuestros sistemas gubernamentales, financieros y empresariales, son consecuencias del mundo caído en el que vivimos.

### Segunda razón: Las consecuencias naturales del pecado individual

Aun cuando muchos de los problemas que enfrentamos no tienen nada que ver con nuestra propia elección, lamentablemente, algunos de ellos sí. Como exploramos en el capítulo anterior, aunque nuestro pecado ya no nos define, la verdad es que todavía pecamos. Y esos pecados tienen consecuencias naturales.

Sé que muchas personas explican el pecado de diversas maneras pero, básicamente, según las Escrituras, *pecar* significa "errar al blanco" de la voluntad de Dios.[1] Aunque, en verdad, no pretendo restarle importancia, usaré otra Ilustración automovilística para ayudarte a entender lo que significa pecar y cómo te afecta.

Imagínate que compraste un automóvil deportivo que requiere gasolina premium de 93 octanos. Sin embargo, para ahorrar dinero, vas contra las instrucciones del fabricante y llenas el tanque de tu *supercarro* con gasolina de 87 octanos. Cada vez que haces eso, no cumples con la voluntad del fabricante para ese automóvil. En esencia, se podría decir que has pecado contra el fabricante.

Puedes argumentar que el automóvil funcionará con gasolina normal y es posible que pueda ser cierto. Pero debes confiar en que el fabricante no dio esas instrucciones para hacerte pagar más dinero por tu gasolina o para hacerte la vida más difícil. No, el fabricante sabe lo que necesita tu vehículo para un rendimiento óptimo. Aunque podría funcionar con menos, puede haber consecuencias naturales por no cumplir con los estándares del fabricante, como una menor economía de combustible, daños casuales en el motor o, como experimenté personalmente con mi automóvil, un olor desagradable a gasolina quemada procedente del escape.

Como nuestro Hacedor, Dios sabe lo que es mejor para nosotros para prosperar plenamente en este mundo que él creó. Por esa razón, escribió las instrucciones que se encuentran en toda la Biblia. Aunque es posible que no entendamos cada una de sus instrucciones, debemos confiar en que las estableció para nuestro beneficio y protección. Cada vez que fallamos en seguir lo que él ha esbozado, aunque sea levemente, perdemos lo mejor que pretendió hacer para nosotros. Por eso experimentaremos las consecuencias naturales de ello, como un rendimiento mínimo o daños a nosotros mismos o a los demás. Comer demasiado o muy poco, por ejemplo, tendrá un efecto adverso en tu salud. Gastar más de lo que tus posibilidades te permiten puede traer riesgos financieros a corto o largo plazo. El abuso de sustancias puede destruir relaciones, carreras, oportunidades y más. Pero aquí, insisto, es importante que veas que ninguna de esas experiencias trágicas y —a veces— duraderas provienen del temperamento de nuestro Hacedor. Son simplemente las consecuencias naturales de perder lo mejor que él hizo para nosotros.

### Tercera razón: guerra espiritual

La razón definitiva de esas dificultades o ataques podría no tener nada que ver con el pecado. El enemigo, de alguna manera, puede percibir el plan de Dios para tu vida, por lo que hace todo lo posible para frustrarlo. Eso se llama guerra espiritual.

Para no provocar ninguna paranoia, debo tener claro que el enemigo no lo sabe todo. Solo Dios conoce el futuro y los planes exactos que tiene para ti. Aun así, el diablo ha existido el tiempo suficiente para identificar la mano de Dios sobre alguien. Él puede ver tus dones y tus talentos, así como puede oír y leer palabras. Quizás, como en el caso de Job, el diablo sabe información que aún no conocemos. Cualquiera que sea el caso, tan pronto como el enemigo percibe el plan de Dios, prepara un complot para frustrarlo.

A lo largo de mis años en el ministerio, he reconocido que los ataques del enemigo casi siempre se relacionan directamente con la forma en que Dios tiene la intención de usar a alguien en su futuro. Esto es cierto a cualquier edad, pero especialmente en la infancia. Algunas de las personas más influyentes que conozco fueron víctimas de tragedias y traumas o tuvieron que superar importantes debilidades o discapacidades personales.

Pienso en los primeros problemas que enfrenté en mi vida. Si bien tengo la bendición de no haber sufrido ningún tipo de abuso o tragedia, veo las huellas dactilares del enemigo en el rechazo que enfrenté en mi juventud y las tentaciones de mis primeros años como adulto. Parecían destinados únicamente a silenciar mi voz con inseguridad y descalificarme con vergüenza.

¿Y tú? ¿Qué experiencias desdichadas atravesaste? ¿Qué dificultades, pruebas o luchas enfrentas hoy? ¿Puedes ubicarlas dentro de una de las tres razones que acabamos de explorar? Quizás lo que ha sucedido a tu alrededor o contigo es la infeliz realidad de vivir en un mundo caído. Tal vez tus pruebas sean las consecuencias naturales de un error o fracaso. Es posible que sean parte del complot del enemigo para frustrar el plan de Dios con tu vida. Podrían ser productos de una mezcla de las tres cosas. No importa. Ninguna de ellas refleja el castigo de Dios ni son razones para avergonzarte o desecharte. Pero ya sea directa o indirectamente, todas son obras del enemigo, lo que significa que son la razón por la cual Jesús vino.

## Amor vs. Ley

El tiempo del Antiguo Testamento abarca aproximadamente los primeros cuatro mil años de la historia humana. Son cuatro mil años de personas caídas y quebrantadas que luchan por la paz con Dios, tratando de ganar sus bendiciones y actuando en maneras que esperaban evitarían el castigo divino. Pero a pesar de sus mejores esfuerzos, nada de eso funcionó para mantenerlos en el buen camino o en paz con Dios.

Después milenios viendo a su pueblo agobiado por la ley y motivado por el miedo, Dios miró hacia abajo a su creación, que una vez fue perfecta y ahora estaba caída. Vio a un pueblo en tinieblas que se abría paso a través del quebrantamiento. Observó el dolor de las enfermedades, incapacidades y desórdenes, las heridas de las relaciones fallidas y las familias separadas, y la vergüenza de la promiscuidad y los actos lamentables. Observó un lamentable estado de cosas que él no puso en movimiento y que estaban bajo el control del enemigo. Dios sabía que las personas eran impotentes para hacer algo al respecto por sí mismas, por lo que implementó su plan para hacer algo por ellas.

En un mundo arruinado, Dios envió a su único Hijo, Jesús, para que naciera como humano con todas sus limitaciones. Mientras estuvo en la tierra por solo 33 años, Jesús corrigió todos los puntos de vista de Dios. Su ministerio haciendo el bien demostró que el Padre no condena, sino que perdona; no odia, sino que ama incondicionalmente; no aflige, sino que sana; no oprime, sino que libera (ver Hechos 10:38). Luego, en su mayor acto para destruir la obra principal del enemigo, Jesús colgó de la cruz, soportando ola tras ola de la ira divina. Con ello, Jesús puso fin para siempre a la ira de Dios, estableció un nuevo pacto de paz con su pueblo e hizo posible lo que el Padre siempre deseó: ser Dios con nosotros.

En última instancia, desde el Antiguo Testamento hasta el Nuevo, la Biblia cuenta la historia de cómo el amor hizo en 33 años lo que la ley y el legalismo no pudieron hacer en cuatro mil. Es el amor lo que realmente salvó, liberó y sanó al pueblo de Dios. Y es el amor lo que no solo le dio a la humanidad acceso a relaciones más profundas con el Padre, sino que nos invita a cada uno de nosotros a regresar a él en nuestras temporadas de problemas, errores y guerra espiritual.

Cualquiera sea el motivo de lo que enfrentes hoy, debes saber que Dios no está esperando para reprenderte. Él está esperando que te acerques para que lo escuches decir: "Te amo. Hagamos esto juntos". Ya sea un minuto después, un día o décadas, lo que sea que te haya sucedido o la manera en que lo arruinaste, no demores en llevarlo al trono de la gracia en oración. Encontrarás a Dios esperándote con una sonrisa y un abrazo.

Renueva tu mente a esta verdad que acaba con la vergüenza: Dios es bueno y te ama mucho. Reconozco que una cosa es escuchar que él te ama y otra experimentarlo y decir: "¡Dios me ama!". Por eso nos dirigimos a continuación a un encuentro con el amor de Dios.

## ¡Háblalo!

Aunque las circunstancias de mi pasado o del presente puedan no ser buenas, sé que Dios es bueno y yo soy bueno con él. Gracias a Jesús, no temo la ira ni el castigo de Dios, sino que vivo en paz con él todos los días.

## Preguntas de reflexión

1. ¿Qué acontecimientos en tu pasado o tu presente crees que fueron resultado de la ira o el castigo de Dios por algo que hiciste?
2. ¿Cómo ha afectado negativamente tu relación con él la mentira de que Dios te está castigando?
3. Al considerar las tres razones de por qué suceden cosas malas, ¿cómo podrías reconsiderar la fuente de tu pena, tu dolor y tu sufrimiento, o los trágicos acontecimientos que surgen en el mundo?
4. ¿Hay alguna área de tu vida en la que no veas lo mejor que Dios tiene para ti? Separa tiempo para reconocer eso ante Dios y pedirle que corte su influencia sobre ti.
5. ¿De qué manera el saber que Dios no está enojado contigo cambia la forma en que reaccionarás ante futuros problemas y dolores?

# 7

# "No eres digno de ser amado".

En la universidad, me convertí en "policía de la santidad". De alguna manera pensé que era mi trabajo asegurarme de que mis amigos estuvieran viviendo de acuerdo a alguna regla bíblica, al menos como yo la veía. Mostraba una mirada de desaprobación o una palabra correctiva cada vez que escuchaba que comían, bebían o hacían algo "indecente". ¡No me sorprendía que esa no fuera exactamente una forma efectiva de ganar amigos e influir en las personas!

Al reflexionar en lo pasado, veo que mi corazón duro y legalista fue resultado de una comprensión superficial del amor de Dios. Por años, pensé que el concepto era elemental. Creía que la explicación era algo necesario solo para los nuevos en la fe, pero no un mensaje que necesitaba repetirse mucho. Me frustraba intensamente cuando el pastor de la megaiglesia a la que asistía predicaba otro sermón sobre el amor de Dios.

"¿No podemos continuar con esto?", solía quejarme con algunos de mis amigos. "Hay muchos principios más profundos de la fe que el pueblo de Dios necesita entender".

Pensaba que las enseñanzas sobre sanidad, liberación, ayuno y oración en el Espíritu, por ejemplo, servirían mucho más a las personas que un mensaje más sobre el amor.

Me estremezco cuando recuerdo la arrogancia de mis veintes. En el fondo, había mucho en mí que creía que no podía ser amado. Estaba encadenado internamente a una multitud de inseguridades y miedos, así que minimizaba mi fe a una colección de principios de autoayuda. Creo que por eso me preocupaban tanto las "cosas más profundas". Cada una tenían su lugar pero, en mi fase de policía santo, fueron herramientas que me ayudaban a "estar bien" con Dios. Hasta que no dejaron de serlo.

A mis veintitantos años, ninguna de las soluciones superespirituales estaban logrando lo que yo pensaba que harían. Fue entonces cuando, sintiéndome particularmente quebrantado por los recordatorios de cada uno de mis errores y maneras no deseadas, hice este clamor a Dios: "¿Qué más necesito hacer?". La respuesta fundamental, que llegó a través de un camino, fue volver a ese mensaje elemental: Dios te ama.

Lo que encontré en mi travesía es que el amor de Dios es cualquier cosa menos básico. En verdad, cuando al fin lo encuentras en todo su esplendor, ¡se convierte en el mensaje más profundo, sanador, liberador y transformador que jamás ha existido! Uno que, por todas las razones que estás a punto de ver, ahora es —irónicamente— un mensaje del que no puedo tener suficiente.

## La fuente del amor

Cuando oro con algunas personas, a menudo escucho: "Kyle, me es fácil creer eso de que 'Dios te ama', pero lo que no puedo entender es que 'Dios me ame'". Cuando les pregunto por qué, la respuesta se reduce a la realidad de que la gente vive consigo misma. En otras palabras, son íntimamente consciente de todas las razones por las que suponen que Dios no debería o no podría amarlos.

En última instancia, la razón por la que no podemos captar el amor de Dios por nosotros tiene que ver con la visión incorrecta de su amor que hemos adoptado del mundo. A partir de la observación, la experiencia o alguna demostración legalista de ello, muchos entienden el amor como una cualidad que se basa en algo temporal y, por lo tanto, está aquí hoy y mañana se va. Han llegado a creer que, si se ven bastante bien, logran algo y se comportan lo suficientemente bien, serán amados. Si no lo hacen, entonces no fracasarán.

Cualquiera sea tu concepto del amor divino, seguro fue influenciado por una persona, una experiencia o una institución; sin embargo, una definición mal interpretada es realmente obra del diablo. El enemigo sabe que la certeza del amor de Dios es lo que basa una relación con el Señor. Por eso aprovecha cada oportunidad para convencerte de que no es posible que Dios ame a alguien como tú.

No obstante todo argumento que el enemigo hace con ese fin es mentira. La verdad es que es imposible que Dios no te ame. Como ves, Dios no elige si aplicará o no su amor. El amor no es algo que Dios haga, porque eso es lo que él es: "Dios es amor, y todos los que viven en amor viven en Dios y Dios vive en ellos" (1 Juan 4:16).

Si te preguntas cómo es posible que Dios ame sin condiciones o cómo puede amar a las personas que no lo aman, simplemente es así. Deseo que tengas la gracia de captar, aunque sea un poco, la magnitud de lo que eso significa para ti. Puesto que Dios es amor, no compara tus buenas obras con tus errores para ver si la balanza se inclina a favor de que seas digno de amor hoy. La verdad que solo podemos imaginar, mínimamente, es que Dios no puede evitar amar porque él es amor.

Sospecho que Dios sabía que nuestras mentes finitas no podían entender completamente un amor ilimitado como ese. Por eso personificó el misterio de tal verdad en la carne. Desde su nacimiento hasta su resurrección, todo lo que Jesús hizo modeló lo que realmente es el amor. Cuando hablaba a los inefables, tocaba a los intocables, perdonaba a los imperdonables y usaba a los inútiles, revelaba un amor tan radical que lo mató. Literalmente. El amor de Jesús era tan contracultural que el mundo no podía soportarlo.

Podría llenar el resto de este libro con historias de las interacciones de Jesús con la gente y difícilmente explicarían por completo lo que cada una muestra acerca del amor de Dios. Por eso el apóstol Pablo escribió que el amor de Cristo es demasiado grande como para comprenderlo completamente (ver Efesios 3:19). Es posible que nunca comprendamos totalmente un amor que no conoce fronteras, al menos en este lado de la eternidad, pero podemos enfrentarlo. Podemos ser cambiados por él. Así como fue transformada una mujer que no tenía ninguna posibilidad de serlo. Unámonos a su encuentro con el amor de Dios.

## El encuentro con el amor de Dios

La historia comienza en Judea. Después de pasar un tiempo con su primo Juan, Jesús hizo planes para regresar a Galilea. Pero había un problema. Judea está al sur de Israel. Galilea está en el norte de Israel. Entre esos dos puntos, a unos sesenta kilómetros, hay una ciudad pagana conocida como Samaria.

Para entender el dilema que enfrentó Jesús, tienes que saber un poco de historia. En los siglos precedentes a él, la desconfianza entre sus hermanos judíos y los samaritanos se había convertido en un odio total. Para resumir la larga y complicada historia, los samaritanos eran descendientes de israelitas que se habían casado con otras razas. En consecuencia, los judíos los reconocían como mestizos que habían adoptado costumbres mundanas y se habían desviado de la doctrina pura. En la época de Cristo, sus compatriotas judíos consideraban a los samaritanos demasiado sucios y diferentes como para hablarles o siquiera verlos, y mucho menos para que Dios los considerara.

A fin de evitar ser contaminados por tales personas, se cree que algunos judíos que necesitaban ir de Judea a Galilea gastaban más días para dar la vuelta a Samaria. Pero Jesús no hizo eso. La Biblia hace notar que "Como tenía que pasar por Samaria" (Juan 4:4).

Él *tenía* que. No creo que la necesidad tuviera nada que ver con la falta de tiempo. Estoy convencido de que la razón por la que pasó por Samaria tuvo mucho que ver con el motivo central por el que fue enviado a nuestro mundo: revelar el amor del Padre.

A lo largo del viaje de Jesús, la Biblia registra que "llegó a un pueblo samaritano llamado Sicar" (v. 5), donde había un pozo históricamente conocido. Al pasar, alrededor del mediodía comienza a sentir el peso de su humanidad y necesita un descanso, el cual toma en el pozo. Pero Jesús no descansa por mucho tiempo. Poco después de su respiro, una mujer solitaria llega con el fin de sacar agua. Entonces es cuando Jesús hace lo impensable, al menos para un hombre judío. Le pide de beber (ver los versículos 6-7).

Tengo que hacer una pausa aquí para destacar la enormidad de lo que acaba de suceder. Jesús no solo no evadió pasar por la región de Samaria, sino que también pasó un tiempo en una de sus ciudades. Mientras estuvo allí, hizo algo extremadamente contrario a su propio sistema religioso: ¡le pidió de beber a una mujer samaritana! Al hacerlo, cometió una doble infracción. Primero, interactuó con un samaritano. Segundo, le habló a una mujer en público. Ambas estaban prohibidas por su propio pueblo.

La Biblia registra la incredulidad de la mujer. La imagino con su cabeza agachada por la inseguridad, los ojos parpadeando de un lado a otro evitando hacer contacto visual con Jesús. "Tú eres judío y yo soy samaritana", reconoció tímidamente (v. 9). Luego, tal vez levantando la vista con temor y mirándolo a los ojos por primera vez, le preguntó en voz alta: "¿Cómo se te ocurre pedirme agua?". La respuesta de Jesús fue tan radical como todo lo que había hecho hasta ese punto: "Si supieras lo que Dios puede dar, y conocieras al que te está pidiendo agua —contestó—, tú le

habrías pedido a él, y él te habría dado agua que da vida"
(v. 10).

Lejos de su cultura, no estoy seguro de que podamos apreciar el crimen que constituía que un rabino judío le pidiera algo a una mujer samaritana, y mucho menos sugerir que Dios tenía un regalo para ella. ¡Pero eso es amor! En apenas un minuto de interacción, Jesús demolió todo lo que los más altos eruditos de su religión creían sobre el amor de Dios. Modeló que el amor de Dios no conoce intolerancia; no conoce fronteras. Dios ama a los marginados, a los rechazados, a los que el mundo religioso considera demasiado sucios o diferentes. Pero Dios no solo los ama, sino que se esfuerza por perseguirlos y ofrecerles un regalo.

¿Te identificas con la mujer samaritana? ¿Algo sobre tu pasado, tus luchas o tu historia familiar ha sido utilizado por personas, tal vez incluso por individuos de la iglesia, para definirte como cierto tipo de personas que no son amadas por Dios o no son bienvenidas en el Cuerpo de Cristo? ¿Te han hecho sentir que eres demasiado sucio o diferente para tener algún valor?

Si ese es tu caso, por favor, considera lo que presenciamos con Jesús. Él no basa su amor por ti en el lugar de donde vienes o en el que estás ahora. Su amor no depende de que seas parte del grupo correcto, de que tengas una teología perfecta ni de que luzcas lo suficientemente limpio como para merecerlo. No, tú lo vales todo para Dios porque dentro de ti hay un tesoro: su imagen. Sí, la Biblia revela que fuiste hecho a imagen de Dios. Y aunque las experiencias de la vida puedan haber cubierto esa imagen con una capa tras otra de vergüenza y lucha, todavía está allí. Esa es razón suficiente para que Dios te ame incondicionalmente. Pero hay mucho más.

## El lugar del amor de Dios

A veces es fácil olvidar que las comodidades que esperamos hoy no existían hace cien años y mucho menos en el primer siglo. La plomería interior con agua corriente es una de ellas. Es por eso que las casas se construían con frecuencia alrededor de pozos comunitarios a los que la gente iba todos los días caminando. Sin embargo, esas caminatas en busca de agua no eran un paseo casual. A veces constituían un arduo esfuerzo en el que acarreaban recipientes llenos del vital líquido por uno o más kilómetros.

Para la mayoría, el peso adicional de los jarros de agua llenos hasta el borde habría sido suficiente para cansarlos. Pero imagínate hacer una caminata así en uno de los típicos días de abrasador calor en esa región. Esa caminata no se habría hecho sobre cemento con zapatillas Nike, sino en caminos pedregosos y polvorientos, descalzos o —en el mejor de los casos— con sandalias. La verdad es que no me parece nada divertido. Tampoco lo era para ellos, razón por la cual intentaban aliviar la carga haciendo el viaje bajo el fresco de la mañana o de la tarde. Con todos realizando su viaje al mismo tiempo, el lugar se convirtió en un punto de acceso social para la comunidad. Por consiguiente, también era un punto ideal para los chismes.

Sin embargo, Jesús se encontró con la mujer junto al pozo a eso del mediodía. ¿Por qué haría un viaje tan difícil en el momento más caluroso del día? ¿Sería que se levantó tarde esa mañana? ¿Quizás alguna sorpresa retrasó su viaje? No. Eso no fue una sencilla coincidencia. La mujer eligió a propósito el peor momento del día para evitar las multitudes puesto que estaba avergonzada.

Entiende que lo escandaloso del encuentro de Jesús no es solo que interactuó con una mujer samaritana, sino que lo hizo con una paria que tenía una sórdida historia de promiscuidad y una serie de relaciones fallidas. En un pequeño pueblo de unos pocos cientos de personas, puedes apostar por la reputación que tenía. Por eso, la mejor manera de evitar las miradas críticas o los susurros crueles de aquellos que se consideraban mucho más santos que ella era ir a sacar agua del pozo a esa pesada hora del mediodía. Era la mejor forma de evitar que la avergonzaran.

¿Alguna vez te escondes para evitar que las personas te juzguen o te rechacen? Ocultarse es el principal efecto de la vergüenza. Es lo que hizo que Adán y Eva se escondieran de Dios entre los arbustos. Es lo que nos mantiene aislados de la gente, sobre todo del "pueblo de Dios".

Al tener un ministerio de medios y comunicaciones, lo veo todo el tiempo. Gente que nunca pondría un pie dentro de una iglesia, por la misma razón que la mujer fue al pozo al mediodía, sintoniza mis transmisiones. Detrás de una pantalla, no se sienten como si sobresalieran en medio de lo que perciben como una congregación de personas perfectas. Detrás de una pantalla, no distinguen a nadie que juzgue sus por qué: por qué fracasó su matrimonio, por qué siguen solteros, por qué no tienen hijos, por qué siguen enfermos, por qué no tienen trabajo, etc.

Para ser justos, no creo que la mayoría de los demás estén evaluando nuestras situaciones como tememos que lo hagan, pero no importa. La vergüenza es la creencia de que algo en nuestras vidas nos hace malos, por lo que tememos que todo lo que los demás vean sea esa razón por la que no encajamos. Y, en medio de una multitud, puede parecer que todos los ojos están puestos en nosotros.

De vuelta al relato bíblico, imagina la sorpresa y el miedo que debió sentir la mujer cuando se encontró con un hombre judío, el más crítico de todos, en el lugar donde pretendió esconderse. Pero ese no fue un encuentro accidental. Jesús no se quedó sin aliento de repente ni decidió recuperarlo en el momento en que esa mujer marginada llegó. No, ese encuentro fue el resultado de una persecución. Jesús fue directo al lugar de su escondite, el lugar donde ella esperaba más juicio, para darle valor, mostrarle la misericordia y el amor incondicional de Dios.

Tal vez escogiste este libro en medio de tu peor momento. Tal vez estás leyendo estas palabras en el punto álgido de una situación de la que no te sientes orgulloso, o mientras te abruma un sentimiento que te condena. En cualquier caso, debes saber que no tropezaste con esto por casualidad. ¡Este momento fue programado por tu Padre celestial que te persiguió hasta aquí! Como hizo con la mujer junto al pozo, Jesús esperó pacientemente a que leyeras esta misma frase en la que dice: "No me haces mal. No te juzgo ni te condeno. Donde estés, tal como eres, eres valioso para mí".

## El propósito del amor de Dios

Ya repuesta del sorpresivo pedido que Jesús le hizo de un trago de agua y del regalo que le ofreció, la mujer se llena de suficiente audacia como para sostener una breve charla con él. Al menos, así es como veo lo que sucede a continuación. Jesús le brindó agua viva. ¿Quién podría entender lo que él quiso decir? Al menos, ella no. La mujer entendió mal y pensó que Jesús se refería a un agua más cara que se encontraba en lo más profundo del pozo. Tal vez *Fiji* en lugar de *Dasani*. O cualquier otra marca de agua que bebemos en la actualidad. Pero, hablando en serio, su malentendido continúa durante unos minutos más hasta que él le hace una sugerencia muy personal.

"Ve a llamar a tu esposo, y vuelve acá" (v. 16). Recuerda, Jesús es Dios, lo que significa que es omnisciente.

Él, en verdad, no se sorprendió cuando ella confesó: "No tengo marido" (v. 17).

A esto, Jesús respondió: "¡Tienes razón! Es cierto que has tenido cinco, y el que ahora tienes no es tu esposo. En esto has dicho la verdad" (v. 18).

Cuando leí esto hace años con mi poca comprensión del amor de Dios, las palabras de Jesús casi parecían condenatorias. Cualquiera sentiría como si Jesús se burlara: "¡Ajá! ¡Te atrapé en una mentira!". Pero ya no creo que ese fuera su tono. Me imagino que cuando ella se estremeció ante la verdad y miró hacia abajo avergonzada, Jesús se paró frente a ella, colocó sus manos tiernamente a los lados de sus hombros y luego agachó la cabeza para encontrarse con la de ella como para obligarla a mirar hacia arriba, hacia él. Los veo a ambos cara a cara, a solo unos centímetros de distancia. Ella, mirándolo fijamente con la respiración entrecortada y preguntándose qué podría decir, y él con el ceño fruncido y una sonrisa de compasión conectando sus ojos con los de ella de una manera que expresaba tiernamente: "Sé todo sobre ti. Y está bien".

La mujer no retrocedió como un animalito maltratado. Lo que hizo fue que se acercó y se atrevió a hacerle algunas preguntas. Jesús le respondió por un minuto, pero luego cortó rápidamente para llegar al propósito de su reunión: su presentación. "YO soy el Mesías" (v. 26).

Reflexionemos sobre todo lo ocurrido hasta este punto. Jesús se encontró con esa mujer samaritana marginada en un lugar donde ella no quería ser vista. Así que él se dirigió a la fuente de su vergüenza. Finalmente, al presentársele como el Mesías, básicamente le aseguró: "Sé lo peor de ti, pero eso no me hace cambiar de opinión sobre ti. Yo soy tu Dios y te quiero en mi familia".

A lo largo de mi travesía para encontrar el amor de Dios, recuerdo que él me consoló de manera similar. Sucedió cuando al fin me di cuenta de algunos problemas que le confesé en oración. Al enumerar esos problemas ante Dios, algunos por primera vez en voz alta, sentí que me asaltaba un pensamiento: *¡Ahora que Dios sabe lo peor de mí, tal vez no pueda usarme!*

Parece que Dios estaba listo para esa reacción, porque me llevó de inmediato a un versículo de la Escritura: "Dios nos escogió en él antes de la creación del mundo, para que seamos santos y sin mancha delante de él. En amor" (Efesios 1:4).

A la luz de mi temor, este versículo familiar adquirió un significado nuevo y profundo. Dios lo usó para decir: *Kyle, no me sorprendes. Sabía todo esto cuando te llamé y, sin embargo, sigo llamándote.*

Por tanto, te invito a asimilar todo lo que este versículo también significa para ti. Tanto como sea humanamente posible comprender, por favor, entiende la verdad de que Dios te conoció mucho antes de que te creara. Mucho antes de que hiciera el mundo. Incomprensiblemente, antes de que fueras una novedad para tus padres, Dios te conocía, sabía todo acerca de ti. Sin embargo, a pesar de saber todas las formas en que te fallarías y los líos qué harías en esta vida, aun así, decidió traerte a la existencia para que algún día él pudiera presentarse ante ti.

Así como le dijo a la mujer junto al pozo, Jesús me consoló y ahora está susurrando a tu oído: *¡No me sorprendes! Sé todo sobre ti. Te amé antes de que te creara. Te amé en medio de los líos que hiciste. Te amo en este mismo instante. Yo soy tu Dios y te quiero en mi familia.*

## No hay mayor amor

Al final, la mujer samaritana se sorprendió tanto por su interacción con Jesús que abandonó por completo la razón por la que acudió al pozo. Dejando caer su cántaro de agua, no perdió el tiempo y corrió de vuelta al pueblo para decirles a todos: "¡Vengan a ver a un hombre que me dijo todo lo que he hecho en mi vida! ¿No será este el Mesías?" (Juan 4:29 RVR60).

¿Captaste el retrato? Esa mujer que llegaba al pozo a una hora inoportuna del día para no tener que ver a nadie de su pueblo ahora, de repente, se enfrentaba a todos con audacia. ¡Un encuentro con el amor de Dios la cambió! Fue amada por vergüenza, por la creencia de que su pasado la había marginado y por el temor de que alguien como ella no pudiera estar en la familia de Dios. Pero eso no fue una demostración de amor al azar. No, el amor que mostró Jesús en la historia de la mujer samaritana es representativo de todo lo que vino a hacer e hizo.

Me asombra lo que estoy a punto de escribir. Cuando Dios se hizo humano y entró en nuestro mundo, no instruyó a las personas para que se sometieran a lo que se debía y lo que no se debía hacer. Nunca menospreció con condenación ni expulsó a ningún luchador de la fe. Al contrario, al mostrar el tipo de amor más puro, caminó al lado de personas quebrantadas, con fallas, y participó en sus batallas con ellas, extendiéndoles una mano y ofreciéndoles una salida. Sin garantía de que alguna vez lo amarían, ni con ningún esfuerzo o promesa de cambiar sus caminos, Jesús entregó su vida para que las personas quebrantadas e imperfectas pudieran ser traídas a la familia de su Creador perfecto. Si necesitas una visión de amor real, aquí la tienes: "Siendo aún pecadores, Cristo murió por nosotros" (Romanos 5:8).

¡Qué clase de amor! Cualquiera sea el punto de nuestro quebrantamiento y aun conscientes de lo peor que seamos, incluso antes de tener la oportunidad de amarlo o demostrarle algo, Jesús se sacrificó para mostrar su amor por nosotros. ¿Qué podría interponerse entre el tipo de amor que está incondicionalmente dispuesto a morir por alguien? La Biblia se jacta de que nada puede hacerlo (ver Romanos 8:38). Nadie. Ningún pasado. Ninguna batalla. Nada.

## Una carta de amor del Señor

A medida que avanzas en este libro, todo lo que has descubierto hasta ahora es fundamental para aceptar las verdades de las páginas siguientes. Saber que estás bien con Dios y que él te ama incondicionalmente es fundamental para aceptar su perdón por tus arrepentimientos pasados y tus luchas presentes. Abordaremos eso a continuación.

Antes de continuar, hay algo con lo que quiero dejarte. Es algo sincero y sanador. Un día, cuando sentí que él quería hablarme, me senté en mi sofá y abrí la aplicación de notas de mi teléfono para anotar lo que quería decir. Lo que recibí es una carta de amor del Señor dirigida a ti. Esto es lo que lee:

*Mi hijo:*

*Antes de que inhalaras tu primer aliento inocente en este hogar temporal, y antes de que se supiera la noticia de tu venida, antes de que te formara, te conocí. Sabía todo sobre ti y te amaba.*

*Siempre fuiste mi idea. Cuando consideré la singularidad que traerías y lo que ofrecerías a mi mundo, decidí orquestar tu existencia. Así que hablé: "Este eres tú". Y estoy feliz de haber hecho eso.*

*Cada rasgo y cada forma, la manera precisa en que tu cara se arruga cuando sonríes (ah, cómo me encanta esa sonrisa), el sonido de tu risa y las pasiones que persigues, esas no son peculiaridades, son cualidades. Cualidades que elaboré para hacerte único.*

*Pero lo que más amo, por qué tomé esa decisión consecuente de traerte a la vida, es mucho más que cualquier cosa que puedas hacer. Es el sonido de tu voz. Cada palabra que confías. Cada lucha que compartes. Cada lío que confiesas. Espero con ansias esos preciosos y tiernos momentos en los que nuestros corazones se conectan.*

*Te amo hijo mío. Ninguna palabra, en un millón de cartas de amor, pueden expresar adecuadamente lo que eso significa. Descubrirás más con el tiempo. Pero por ahora, debes saber que no hay nada que pueda hacer para que cambie de parecer. Te amo. Y estoy muy contento de que estés aquí conmigo.*

*Te ama,*
*Tu Padre, Dios*

## ¡Háblalo!

Nada en mi pasado o mi presente puede separarme del amor de Dios, que me hizo a su imagen y envió a su Hijo a morir por mí. No solo soy acepto a Dios, sino que soy amado profundamente por él todos los días... tal como soy.

## Preguntas de reflexión

1. ¿Qué, alrededor o acerca de tu vida te ha impedido creer que Dios pueda amarte tal como eres?
2. ¿Qué significa para ti ser hecho a la imagen de Dios? ¿Cómo podría esa revelación cambiar la forma en que te ves a ti mismo?
3. Imagina a Jesús que se aparece en tu "pozo" al mediodía, en el lugar en el que sientes el más profundo arrepentimiento, la mayor lucha o la peor vergüenza. Ya consciente de su carácter, ¿qué crees que te diría Jesús en esos momentos?
4. A la luz del hecho de que Jesús trató a la mujer samaritana con amabilidad y respeto a pesar de que sabía todo acerca de ella, ¿cómo crees que te trataría a pesar de que sabe todo de ti?
5. Después de este capítulo, ¿ha cambiado tu visión del amor de Dios? ¿De qué maneras? ¿Cómo afectará eso tu vida?

# 8

# "Eres imperdonable".

"¡Mira lo que has hecho!". Esas fueron las palabras que escuché apenas un mes después de empezar mi ministerio. Por años, había trabajado secundando otros ministerios y escalando posiciones en el liderazgo. Ahora que me acercaba a los treinta, sentí que Dios me llamaba a establecer algo nuevo.

Por lo general, cualquier cosa nueva enfrenta resistencia, especialmente si tiene algún significado espiritual. Así que sabía que iniciar algo como esto no sería pan comido. ¡Pero no esperaba la repentina avalancha de recordatorios que recibiría de todos mis pecados desde que aprendí a ir al baño!

Durante una semana, mi mente fue objeto de acusaciones que me golpeaban hasta hacerme llorar. Esas acusaciones procedían de pecados cometidos en mi vida adulta, cosas que había hecho después de convertirme en cristiano. Estaba agobiado por el peso de la vergüenza al punto que casi desecho el llamado de Dios. Creí que alguien como yo no podía ser usado por él.

A todas esas acusaciones se sumaron mis propias preguntas. Para entonces, había sido un cristiano nacido de nuevo y renovado por más de una década. ¿Por qué mis pecados pasados estaban saliendo a relucir de nuevo? ¿Por qué los recordatorios de ellos seguían condenándome tanto? Las acusaciones de esa semana me hicieron preguntarme si realmente Dios no me había perdonado. O peor aún, ¿había cometido pecados que no podían ser perdonados? Esas preguntas me perseguían tanto como los propios recordatorios.

¿Te identificas con eso? Desde que conté esta historia en mi primer libro, he escuchado de muchos que se identifican con eso. Algunos confiesan: "Kyle, no puedo ver cómo podría Dios perdonarme después de las cosas que he hecho". Otros se lamentan: "¡Aunque se lo he pedido innumerables veces, no me siento perdonado!".

Si sientes algo similar, debes saber que no eres el único. Organicé una encuesta en línea en la que preguntaba: "¿Cómo describirías tu experiencia actual con el perdón?". Un sorprendente sesenta y cinco por ciento de los cristianos admitieron que no pueden aceptarlo, ya sea de Dios, de sí mismos o de ambos. Aun cuando es una encuesta no científica, noté que refleja con precisión lo que he visto en el ministerio. Muchas de las batallas que las personas tienen consigo mismas (y con los demás) se arraigan en una mentira: no pueden ser perdonados.

## Cuando fuiste perdonado

Para ayudar a silenciar las acusaciones y cuestionamientos que enfrenté esa semana, Dios me guio de regreso al fundamento del perdón. Mientras yacía postrado en mi sofá, me dio una imagen del momento en que Jesús pagó por nuestros pecados en la cruz. Estaba muy lacerado. Era espantoso. ¡Pero fue algo muy sanador!

Lo que presencié esa mañana en mi mente es la realidad de lo que escribió el apóstol Pablo con respecto al efecto de la cruz. También es el cuándo y el dónde de tu perdón, por lo que quiero desglosarlo a lo largo de este capítulo. Pablo comenzó diciendo: "Ustedes estaban muertos a causa de sus pecados y porque aún no les habían quitado la naturaleza pecaminosa" (Colosenses 2:13 NTV). Ya hemos pasado tiempo comprendiendo la posición en la que estábamos antes de ser salvos. Pero aquí nuevamente, Pablo describió el estado que requería el sacrificio radical de Jesús. Nuestros pecados nos hicieron morir, ser incapaces de agradar a Dios por nosotros mismos e incapaces de tener una relación con él por nuestro propio mérito. Pero Pablo no se detiene mucho aquí, porque hay buenas noticias a las cuales llegar: "Entonces Dios les dio vida con Cristo al perdonar todos nuestros pecados" (v. 13 NTV).

Lo que Pablo describió es la manera en que ocurrió tu sobrenatural cambio de identidad. Lo ilustró como una cirugía en la que Dios cortó tu naturaleza pecaminosa. Compara eso con un tumor canceroso. Antes de Jesús, esa cosa impura en ti consumía tus pensamientos, dictaba tus comportamientos y controlaba tu vida. Constituía tu identidad. Y como lo hacen las identidades, provocaba problemas en todas tus relaciones. Sin embargo, lo más importante es que se interpuso entre Dios y tú.

Como el cáncer, la naturaleza pecaminosa pretende extenderse y tomar el control. Es por eso que no puede ser simplemente tratado ni minimizado. Debe cortarse por completo. Y eso es exactamente lo que Dios hizo. En la fracción de segundo siguiente a cuando creíste en Jesús, Dios eliminó lo que te estaba matando. Lo hizo para que pudieras tener una vida interminable y abundante en Cristo.

¡Decir que esto es una gran noticia es poco! Es lo que describe el proceso de "regeneración", que exploramos en el capítulo 5. Pero no quiero que te pierdas la forma en que Pablo resumió cómo sucede todo eso, porque es de suma importancia para lo que estamos hablando. Él reduce todo el proceso a "porque [Dios] perdonó todos nuestros pecados".

No quiero ser descarado, pero todo significa **todo**. Pablo no agregó nada más, como "solo el pasado" o "hasta que llegaste a ser salvo". Además, no da ninguna indicación de ciertos tipos o niveles de pecados que no estén incluidos. Más bien, se jactó de que todos nuestros pecados son perdonados. Eso significa pasados, presentes y futuros. A fin de que Dios hiciera lo necesario para darnos vida, tuvo que perdonar todos los pecados de cualquier tiempo. Si hubiera, al menos, uno que impidiera su poder, todavía serías definido por el pecado y estarías separado de Dios.

En Cristo, ningún pecado tiene poder para identificarte, separarte de Dios o condenarte más. En la cruz, Jesús eliminó ese poder. Pablo lo expresa en términos claros: "[Jesús] anuló el registro de los cargos contra nosotros y lo quitó clavándolo en la cruz" (v. 14).

Amigo, tus pecados —pasados, presentes y futuros— fueron perdonados de una vez por todas, por el sacrificio de Jesús en la cruz. Cualquier otra cosa habría dejado el trabajo incompleto. Ese perdón de todos tus pecados te fue aplicado en el instante en que creíste que Jesús lo hizo. Sé que puede parecer demasiado simple. El diablo, definitivamente, quiere que creas que lo es. Por eso es que siempre insiste en que tiene que haber más cosas que hacer, más cosas que saber y más cosas por las cuales sentir lástima. Pero el evangelio se llama Buenas Nuevas por el solo hecho de que el perdón de los pecados fue un trato acabado en la cruz, el que luego se le aplicó para siempre a tu creencia.

## En esencia: ¿Qué es el perdón?

En mi labor aconsejando a personas con dificultades para aceptar que son perdonadas, he descubierto que la lucha a menudo tiene sus raíces en una idea errónea acerca de lo que realmente es el perdón de Dios. La mayoría piensa en ello de una forma intangible que no es más que él aceptando una disculpa. Después de que dicen: "Lo siento, Señor", pero luego no escuchan ni sienten nada, se quedan preguntándose: ¿Realmente sucedió, he sido perdonado?

Si este es el alcance de lo que creemos que es el perdón de Dios, no es de extrañar que no podamos recibirlo. El perdón de Dios no consiste simplemente en que él acepte una disculpa verbal, sino que es un perdón completo de un delito. Eso es contundente, pero es cierto. La Biblia describe el pecado como el quebrantamiento de una ley que tiene que pagarse con un castigo como una multa o una sentencia.

El Antiguo Testamento está lleno de leyes, muchas de las cuales todos hemos quebrantado, algunas todos los días. Los más famosos son los Diez Mandamientos dados por Dios a Moisés en tablas de piedra. Estos incluyen instrucciones como honrar a tu padre y a tu madre, no robar y no mentir (ver Éxodo 20:3-17). Aunque la mayoría lo desconoce, la ley en realidad estaba compuesta por muchos más mandamientos: 613, para ser exactos.[1] Son 613 formas potenciales de fallar y razones para ser penalizado. Ningún ser humano podría cumplir con todos ellos. Una vez más, es por eso que Dios envió a Jesús.

Para poner esto en un contexto moderno, imagínate que eres juzgado por violar cualquiera de esas leyes. En la sala del tribunal, hay tres elementos principales: el acusado, tú; el acusador, el diablo; el juez, Dios. El problema es que en este juicio, el veredicto no tiene nada que ver. El diablo no tiene que hacer mucho esfuerzo para probar tu culpabilidad. Todo lo que realmente hace es detallar lo que hiciste y qué ley violaste.

Mientras el acusador argumenta tu caso, te preparas para el juicio. Con la mirada fija en el suelo, respiras hondo para tratar de reducir el acelerado ritmo de tu corazón. Pero late aún más rápido sabiendo que estás a punto de que lancen las acusaciones contra ti. Por alguna razón, el temor que reflejas le da al acusador un tipo de placer siniestro. Captas su sonrisa mientras el juez se posiciona para el fallo.

Sin embargo, antes de que comience, el juez pregunta: "¿Tiene alguna palabra final que le gustaría decir?". Lo cual hace.

Mirando a los ojos de la justicia, tu voz tiembla arrepentida. "¡Su Señoría, lo siento mucho!". Lo que confesaste es sincero. Nadie lo duda, ni siquiera el acusador. Incluso el juez asiente para aceptar tus disculpas. Pero no se haría justicia con solo aceptar una disculpa. Aún se debe pagar una multa.

Fijando sus ojos en los tuyos sin pestañear, el juez respira, frunce los labios y luego abre la boca para hablar. De repente, surge una conmoción desde el fondo de la sala del tribunal. Un hombre aparentemente desesperado se lanza al frente para acercarse al banco.

Intentando recuperar el aliento, suplica: "¡Su señoría, su señoría! ¡Pagaré esta multa!".

Los presentes en la sala del tribunal jadean al unisonó. Observas aquello incrédulo. Ese hombre de aspecto desaliñado, que ni siquiera conoces, se ofreció a pagar una deuda que es tuya.

El acusador responde enojado:

—¡No, no, no! ¡El acusado tiene que pagar!

La sentencia, sin embargo, no depende de él. Depende del juez, cuyo rostro pasa de contemplativo a curiosamente complacido. Antes de dirigirse a ti, le ofrece al hombre un guiño como si lo conociera, casi como si hubiera estado esperando que sucediera este momento todo el tiempo.

—¿Aceptas la oferta de este hombre? —te interroga el juez. Como si te aturdiera un golpe en la cabeza, la mueves de arriba a abajo indicando que estás de acuerdo.

—¡Sí, sí, sí! ¡Acepto! —rebosas de gratitud.

—Entonces es definitivo —declara el juez—. Este hombre paga tu culpa. ¡Estás libre!

El acusador sale corriendo de la sala del tribunal gritando: "¡Nunca aceptaré esto!". Y no lo acepta nunca. Vuelve de vez en cuando con recordatorios de viejos fracasos y nuevas acusaciones. Pero su mejor evidencia no puede lograr lo que una vez hizo. Porque fuiste salvo y liberado por gracia, y ese juicio permanece en los libros para siempre, sin necesidad de que se repita.

El hombre desesperado que vino corriendo para salvarte de la sentencia que la ley exigía no es un simple individuo. Es Jesús. Cada hueso golpeado, magullado y roto que soportó en la cruz indica que fue él quien asumió la responsabilidad y pagó el castigo por tus delitos. Así fue cómo y cuándo, tal cual asegura Colosenses, se cancelaron las acusaciones en tu contra. La declaración del Juez es el perdón de Dios, que te fue dado en el momento en que dijiste: "Sí, Jesús, acepto lo que hiciste por mí".

## ¿Hay, entonces, pecados imperdonables?

Para reforzar el sentimiento de que no se puede perdonar a alguien, el enemigo tergiversa las Escrituras para que la gente las lea y crea que ciertos pecados son imperdonables. El acusador conoce la ley mucho mejor que cualquiera de nosotros, por lo que la adaptará para que se ajuste a cualquier narrativa que nos deje más desesperanzados.

Eso es lo que le pasó a un hombre que me escribió hace unos años. Reaccionando a un miedo que había sido provocado repentinamente en él por un solo pasaje de la Biblia, escribió frenéticamente: "Kyle, tengo miedo. Parece que he cometido un pecado imperdonable. ¡Temo que Dios no me ame! ¡Tengo miedo de no ir al cielo!".

Al leer el primer par de frases de su correo electrónico, al principio me quedé perplejo. ¿Qué podría haberle dado la idea de que hay un pecado que no puede ser perdonado? Pero mientras seguía leyendo sus palabras preocupadas, mencionó algunos versículos que al enemigo le encanta torcer:

> ¿No sabéis que los injustos no heredarán el reino de Dios? No erréis; ni los fornicarios, ni los idólatras, ni los adúlteros, ni los afeminados, ni los que se echan con varones, ni los ladrones, ni los avaros, ni los borrachos, ni los maldicientes, ni los estafadores, heredarán el reino de Dios.
>
> 1 Corintios 6:9-10 RVR60

Sin ningún otro contexto, es fácil ver por qué podemos temer haber hecho algo que nos descalifique para entrar al reino de Dios. Después de todo, esta lista describe a las personas que hacen cosas que todos hemos hecho en algún nivel. Sin embargo, eso es todo: describe tipos de personas. Esa no es una lista de pecados ni de experiencias. Es una enumeración de identidades.

¿Es cierto que los cristianos todavía participan en algunas de las características por las que se conocen esas identidades? Por desgracia, sí. La realidad es que los cristianos todavía cometen algunos errores colosales. Por eso, como expliqué en el capítulo 6, la Biblia no asegura nunca que el pecado esté muerto. Al contrario, asegura que el poder del pecado para separarnos de Dios está muerto (ver Romanos 6:6).

Un principio del estudio de la Biblia que tuve la bendición de aprender temprano en mi fe es que las Escrituras son sus propios intérpretes. En un libro del tamaño de la Biblia, todo tipo de creencias extravagantes podrían respaldarse si solo lees un versículo aquí o allá. Pero en los casos en que te confundas en cuanto a lo que significa la Biblia o a quién se dirige, es mejor interpretarla basándote en lo que sabes de otros versículos. Esto es especialmente crucial para entender 1 Corintios 6:9-10.

Como verás, aunque el pasaje enumera a las personas que no son justas, sabemos por muchos otros versículos que no puede estar hablando de los cristianos. La Biblia es clara en cuanto a que los cristianos han sido declarados justos (2 Corintios 5:21). Lo que sigue después de la lista lo afirma aún más. "Y esto erais algunos; mas ya habéis sido lavados, ya habéis sido santificados, ya habéis sido justificados en el nombre del Señor Jesús, y por el Espíritu de nuestro Dios" (1 Corintios 6:11 RVR60).

No sé cómo podría ser más clara la Biblia cuando dice que eso eran algunos de ustedes, excepto Jesús. Debido a su obra terminada, eres limpio, apartado para Dios (santificado) y hecho como si nunca hubieras pecado (justificado).

¡Este solo verso es un tesoro! Aun cuando no quiero complicarlo demasiado, hay aún más tras este versículo. Si me permites profundizar un poco más, me encantaría explicarlo. Lo que extrañamos en nuestras traducciones al español son los matices del griego original. En este caso, el lector moderno ve la frase *habéis sido* y piensa en tiempo presente, lo cual ciertamente es el caso. Los cristianos actualmente están limpios, apartados y justificados. Sin embargo, en el idioma griego, hay más significado. La frase *habéis sido* se expresa como verbo aoristo, que se refiere a algo que sucedió en el pasado pero que no tiene terminación ni vencimiento. En consecuencia, la verdad que transmite este versículo es que fuiste perdonado en el momento de tu salvación, y seguirás siendo perdonado (pasado, presente y futuro). Sí, porque estás en Cristo, nada puede hacerte impuro. Nada puede impedir que seas apartado por Dios. Nada puede impedir que Dios te mire como si nunca hubieras pecado.

Deja que tu alma absorba esta verdad. No hay un solo pecado que se pueda nombrar por el cual Jesús no murió. La única experiencia que es imperdonable es la incredulidad. La razón es sencilla. Dios no puede acreditar el pago de Jesús a sus acusaciones si no cree que él lo hizo y dice que sí para aceptarlo. Pero si has puesto tu fe en Cristo sinceramente, entonces ten la seguridad de que eres y seguirás siendo perdonado.

## La fidelidad del perdón

"Pero Kyle", me escribió una señora, "sigo repitiendo las mismas cosas una y otra vez. Le he pedido perdón a Dios solo para volver a fallar una y otra vez". Sin duda, ella no estaba contenta con sus fracasos. Pero después de años de luchar contra cosas que detestaba, la mujer me preguntó: "¿Acaso dejó Dios de perdonarme? ¿Dejará de perdonarme?".

Es humano pensar que todo se puede agotar. Nada material dura para siempre. El dinero se gasta. La energía se termina. El inventario se acaba. Imaginamos erróneamente que el perdón de Dios también se agota. Pero a lo largo de la Biblia, el perdón de Dios no se describe nunca de manera que sugiera que es un recurso que podría agotarse. No, las Escrituras se refieren a él hermosamente como interminable y fiel: "Pero si le confesamos nuestros pecados, él es fiel y justo para perdonar nuestros pecados y limpiarnos de toda maldad" (1 Juan 1:9).

Hace algunos años, Dios me llevó a ver el reflejo de esta verdad en lo físico de su creación. Una tarde, mientras caminaba por la costa de una playa, no muy lejos de donde vivía, vi más allá de la impresionante puesta de sol —con aspecto de acuarela y el mar color esmeralda— una ilustración espiritual aún más impresionante.

Imagínalo conmigo. Observa las olas que rompen en la orilla y se convierten en una capa de espuma que baña la arena y luego retrocede hacia el mar. Esto sucede una y otra vez. Las olas son fieles. Aun cuando la gente pasa y deja sus huellas en la arena, las olas son fieles para quitarlas. Los castillos de arena se disuelven casi al instante. Los desechos se lavan con cada ola.

Cuando vi eso, reconocí que la arena representa la pizarra de nuestras vidas. Todas las huellas, grafitis y escombros simbolizan el pecado, la lucha y el desorden que hacemos en nuestras vidas. Con esa epifanía, me agaché y pasé los dedos por la arena y le añadí mi propio desastre. Finalmente, con mi dedo índice, escribí la palabra *pecado*.

Me puse de pie, consciente de que solo tenía unos segundos antes de que ocurriera lo que sabía. Pero tenía que verlo con mis propios ojos. En efecto, las fieles olas lavaron mi desastre. Y cuando se alejaron, fue como si la arena hubiese sido limpiada. No quedaba rastro de nada de lo que yo había hecho. El gran pecado en la arena también se había ido. ¡Lo hice unas cuantas veces más, pero las olas nunca fallaron en hacer todas las cosas nuevas!

Este simple acto creativo es una hermosa ilustración del perdón de Dios. En el momento de tu salvación, las olas de la gracia de Dios se estrellaron contra la orilla de tu vida y no dejaron rastro de lo que había allí. De hecho, tu pasado fue lavado. Pero ese no fue el final de tu perdón. No, la gracia de Dios siempre está ahí para mantenerte limpio. Como cristiano, ningún desorden es permanente. Ningún pecado puede mancharte. Cada vez que fallas y vas a Dios en confesión, no lo haces para rogarle que te perdone una vez más como si estuvieras enfrentando otro juicio. No, acudes a Dios en confesión para que tu mente sea renovada para el juicio que aún está en pie. Vas a escucharlo recordarte amorosamente que eres libre. *Estás perdonado. Ahora, caminas en la identidad que se te ha dado. Has sido hecho nuevo, enderezado, íntegro y santificado.*

Ahora bien, comprende que la fidelidad del perdón de Dios no es una excusa para hacer lo que te plazca. Como ya hemos explorado, el pecado tiene consecuencias naturales a las que es una tontería continuar sometiéndose. Pero la vida cristiana no tiene que ver con vivir en un dolor perpetuo por lo que Dios sabe que nunca podrías cumplir con tu propia fuerza de voluntad. La vida cristiana es vivir en el gozo de tu salvación por lo que Jesús hizo por ti.

## Siéntete perdonado

Cuando Dios me llevó de regreso a la cruz esa semana, no fue porque necesitaba ser perdonado o salvo nuevamente. Necesitaba entender, por fin, que el significado de la cruz era que fui perdonado de una vez por todas. Imaginar lo que Jesús hizo me ayudó a llevar el perdón de Dios de mi cabeza a mi corazón.

Lo que sucedió a continuación realmente hizo que la verdad se quedara conmigo.

Sentí que Dios me instruyó: *Haz una lista de tus errores.*

"¿Realmente necesito un recordatorio visible de todo lo que estoy escuchando tan claramente?", me cuestioné. Aun así, fui obediente. Saqué papel y lápiz para enumerar todo aquello por lo que me sentía condenado. No tardé mucho en llenar la página. Pero, ¿qué iba a hacer a continuación? ¿Colgar el papel en la pared para estar siempre consciente de mis fracasos? Dios eliminó rápidamente mi curiosidad con las verdades que hemos estado desentrañando de Colosenses 2:14.

Escuché lo siguiente: *Ya cancelé la lista de acusaciones contra ti*. Sin duda, nada de eso era audible, pero era como si un pensamiento tras otro cayera en mi cabeza.

Luego, sentí que debía dibujar una cruz en todo el papel hasta que mis errores estuvieran cubiertos con el símbolo de lo que Jesús había hecho para perdonarme. Pero taparlo no fue suficiente. La cruz no es simplemente un medio para cubrir nuestros pecados y quitarlos de la vista de Dios por un tiempo, eso es en el Antiguo Testamento. ¡No, la obra de Jesús acabó con todo el pecado! Como dice el versículo, la lista fue anulada y clavada en la cruz. Al darme cuenta de lo que eso significaba en cuanto a la lista que tenía en mis manos, Dios me llevó a dar el paso final para poder visualizar el asunto.

*Rómpela en pedazos*, me ordenó. ¡Así que eso fue lo que hice! ¡Nunca había experimentado algo más satisfactorio! La rompí por el centro y luego en docenas de trozos restantes, hasta que la lista de mis errores no fue más que un montón de confeti en el suelo.

Es difícil describir adecuadamente el significado de ese momento para mí, excepto decir que finalmente lo sentí. Ver una ilustración de lo que había sucedido en la cruz, lo que había aceptado con mi creencia en Cristo, me trajo un sentimiento de victoria que nunca antes había experimentado.

Aunque había comenzado oficialmente mi ministerio un mes antes, ese fue el momento en que en verdad comenzó. Ese proceso cambió todo para mí. Ya no viviría más con la esperanza de que Dios me perdonara o temiendo haber agotado lo último de su gracia. Viviría y ministraría en victoria y con la libertad de saber que nada hay que pueda condenarme. Eso es precisamente lo que reveló el apóstol Pablo después de describir la manera en que Jesús anuló el registro de nuestros pecados. "Por lo tanto, no permitan que nadie los condene", concluyó apasionadamente (Colosenses 2:16 NTV).

Con ese montón de papeles triturados a mis pies, decidí que ya no permitiría que ninguna voz del pasado, ni mis luchas presentes ni el enemigo me condenaran. Resolví usar la certeza de la Palabra de Dios para decir: "¡Cállate, diablo!".

Ahora bien, no cuento esta historia para sugerirte que reproduzcas lo que hice. Aun cuando puede ser útil para ti tener una imagen de lo que es anular la lista de tus pecados, en última instancia, quiero que comprendas lo que eso me hizo entender. Es un principio clave que ya he dicho en este libro: la Palabra de Dios es más real que lo que sientes.

La verdad es que no siempre te sentirás perdonado. El acusador volverá para reintentar presentar tus fracasos en la sala de audiencias de tu mente, la que inevitablemente te punzará. Pero los sentimientos no son hechos. La Palabra de Dios es tu realidad definitiva. Y lo que confirma es que, como creyente, todos tus pecados fueron perdonados, son perdonados y seguirán siendo perdonados. Cuando cualquier recordatorio, sentimiento o voz intente decirte lo contrario, usa la Palabra de Dios para renovar tu mente.

Este no es, por supuesto, un consejo que debas seguir solo cuando sientas que no has sido perdonado. Es crucial usarlo cuando experimentes cualquier sentimiento negativo, especialmente el que estamos a punto de enfrentar: el sentimiento del miedo. Cosa que vamos a cerrar en el próximo capítulo.

### ¡Háblalo!

Jesús agarró la historia registrada de mis pecados pasados, presentes y futuros y la clavó en la cruz; por lo tanto, ya no estoy condenado ni soy definido por los fracasos, las luchas ni las deficiencias. Dios me ha declarado libre. ¡Soy perdonado!

### Preguntas de reflexión

1. En cualquier proceso de sanidad, es importante identificar qué está causando el problema. ¿Cuáles son los pecados, fracasos o experiencias específicas que te hacen sentir condenado o no perdonado?

2. ¿Has considerado alguna vez que la seguridad bíblica de que "perdonó todos nuestros pecados" incluye tus pecados pasados, presentes y futuros? ¿En qué manera, esa verdad, impacta lo que recordaste?

3. ¿Cómo afectará tu vida diaria la garantía de que eres limpio, apartado y visto por Dios como si nunca hubieras pecado?

4. ¿Cómo cambiará la revelación de la fidelidad del perdón de Dios la forma en que te relacionas con él?

5. ¿Cuáles son algunas verdades de la Palabra de Dios que puedes usar para acabar con las acusaciones o los sentimientos de vergüenza?

# 9

## MENTIRA:

## "Deberías tener miedo".

Es cierto que rara vez escribo mis sentimientos o experiencias en un diario de papel. Sin embargo, mantengo una lista actualizada de pensamientos, oraciones, percepciones e ideas en mi aplicación de notas. No obstante, ese día fue diferente. Era tan monumental que quería que mis pensamientos quedaran registrados permanentemente por escrito.

Lo que parece haber sido escrito con una mano nerviosa dice:

*Querido diario:*
*Sabes que no te escribo con la suficiente frecuencia, pero hoy es un gran día. Hoy es el último día en mi trabajo antes de salir completamente solo a lo desconocido de este ministerio al que Dios me ha llamado.*

*Mentiría si dijera que no tengo miedo, principalmente de dos cosas: ¿De dónde vendrá el dinero para sostenerme a mí, además de los gastos del ministerio? ¿Tendré suficiente contenido para generar mensajes semanales?*

*Los costos ya están aumentando y, simplemente, no puedo permitir que mi mente piense demasiado en todo eso. Sin embargo, las oportunidades se han presentado. Otros me han dado palabras que lo confirman. Sabes que puedo ser escéptico a veces, pero quiero creerles, y lo haré.*

*Así que a partir de hoy salgo con piernas temblorosas y mariposas en el estómago... Pero empiezo.*

Quizás partes de esa breve introducción al diario no es lo que se esperaría de alguien que escribe un libro que tiene un título tan atrevido como este. La inseguridad, la duda y el escepticismo que se muestran aquí pueden no ser un modelo de fe para un libro de texto, pero son cosas reales. Es de humanos. Y sospecho que usted puede relacionarse con esas cosas.

A menos de un día de perder la estabilidad de un salario y sus beneficios, no me sentía fuerte cuando lo anoté en el papel. Aun así, en retrospectiva, reconozco un crecimiento notable en comparación con la forma en que solía reaccionar ante el miedo. Verás, poco más de la mitad de mi vida, el miedo fue una voz que se burlaba desde la orilla. Era una voz a la que siempre obedecía. Me exigía insistentemente: "¡Alto! ¡Evita! ¡Corre!".

Es por eso que, durante al menos mis primeros años de adulto, posiblemente fui más conocido por dejar de fumar que por cualquier otra cosa. No terminé mi primer año de preescolar. Abandoné las clases de piano. Deserté del béisbol y el baloncesto. Dejé los *Boy Scouts*. No continué en la banda. Y la lista continúa. O tenía miedo de hablar con la gente, temor a fallar o pavor a ser rechazado. El miedo siempre me convenció de que debía renunciar.

La diferencia entre antes y ahora no es que, de alguna manera, haya convencido al miedo de dejar de hablarme o que ya no lo sienta. El crecimiento que veo al mirar la introducción de mi diario es que dejé de ser influenciado por el miedo. Te mostraré cómo hacer lo mismo.

## Pon los sentimientos en su lugar

Una clave para silenciar el miedo es entender lo que es. El miedo es un sentimiento. Y como dije en el último capítulo, los sentimientos no son un hecho. Eso no significa que todas las emociones sean del diablo y deban ser negadas, solo necesitan ser puestas en su lugar. Dios creó los sentimientos para que fueran una guía, no un maestro. Los sentimientos pueden ayudarte a evaluar una situación o a tomar una decisión. Pero debido a que son fáciles de manipular, nunca se debe depender únicamente de ellos para decidir.

Unos meses antes de escribir este libro, intenté un pequeño proyecto de construcción que me recordó lo engañosos que pueden ser los sentimientos. Mi objetivo era construir unas paredes falsas dentro de mi casa. Como no tenía ninguna experiencia en la construcción de ese tipo de estructura, solicité la ayuda de un amigo que sí la tenía.

Después de comprar todos los materiales en la ferretería, comenzamos la construcción colocando un par de tablas cortadas a cierta medida en el suelo, a unos pocos centímetros de distancia. Cada una de ellas tenía que medir exactamente dos metros y medio de largo. Pero al medir la primera, nos dimos cuenta de que en la tienda no los habían cortado con precisión. Así que les quitamos un par de centímetros.

Cuando llegó el momento de la segunda pieza, me impacienté un poco. Estábamos trabajando afuera mientras unas nubes oscuras y unos truenos distantes advertían una lluvia inminente. Ansioso por terminar antes de que el clima húmedo destruyera el proyecto, quise omitir la medida de la segunda pieza. Después de todo, a solo unos centímetros del recién cortado, me pareció que tenía exactamente el mismo tamaño.

Mientras argumentaba que siguiéramos adelante para ahorrar tiempo, mi amigo —que sí sabía de eso— insistió en que midiéramos. Después de algunas respiraciones profundas y al menos unas torcidas de ojos, cedí. En efecto, mi amigo tenía razón. Bastante, en realidad. La segunda pieza de madera no tenía un centímetro ni dos. Era completamente más grande. Mis sentimientos me habían engañado. Aunque habían sido útiles para mostrar que las dos piezas eran similares, no lo fueron para decirme el tamaño exacto. Para eso, necesitaba la ayuda adicional de algo diseñado específicamente para mediciones precisas: una cinta métrica.

## La manera en que el enemigo usa el miedo

Puede que te sorprenda saber que, al igual que otros sentimientos, el miedo puede ser una guía útil, sobre todo para protegerte del peligro. Debes tener miedo a poner tu mano sobre una estufa muy caliente, saltar de un avión sin paracaídas o arriesgar todo tu dinero en una lotería. Eso es miedo trabajando de la forma adecuada, como Dios lo diseñó.

Sin embargo, como exploramos en el capítulo 3, el enemigo pervierte los buenos diseños de Dios para usarlos en contra de nosotros. Utiliza el miedo como uno de sus medios más potentes de persuasión. El diablo quiere que el miedo sea tan real para ti que la mera existencia de un desafío no solo te advierta el peligro potencial, sino que también te asegure la certeza del mismo. La voz del miedo que te grita podría escucharse así:

- "Esas facturas se convertirán en bancarrota".
- "El jefe ha convocado esa reunión para despedirte".
- "Esos síntomas te van a matar".
- "No respondieron a tu mensaje de texto porque están enojados contigo".

En realidad, las cuentas de pago rara vez significan bancarrota. Se podría convocar una reunión por un millón de razones además de una para que te despidan. A pesar de lo que ciertos sitios web médicos puedan hacerte creer, los síntomas no son una sentencia de muerte segura. Y hay muchas otras explicaciones de por qué alguien podría no haber respondido un mensaje de inmediato. Tal vez estaban ocupados o no vieron tu mensaje.

Aquí insisto, como las falsas interpretaciones de los hechos que ya tratamos, la primera parte del argumento del enemigo se basa en la realidad. La última parte es una incógnita, la cual completa con los peores escenarios. Es por eso que los psicólogos señalan que la falta de información es una de las principales causas del miedo.[1] Ese es otro ejemplo en el que nuestras mentes caídas simplemente adoptan el tipo de pensamiento que pregona: "lo que puede salir mal, saldrá mal". Sin embargo, lo que puede salir mal la mayoría de las veces no sale así. Al menos, no de la peor manera que el miedo dice que pasará. Eso está respaldado por un puñado de estudios científicos. Uno de los más destacados, realizado por la Universidad Penn State, pidió a 29 personas que escribieran todos los miedos que experimentaron en un mes. Al concluir el estudio, los investigadores notaron que la mayoría del 91% de las preocupaciones de los participantes no se hizo realidad. Para varios participantes, el resultado fue aun mejor: ninguno de sus temores se materializó.[2]

Haz una pausa por un momento para pensar en las preocupaciones que te asaltan aun mientras lees este libro. Ahora considéralas en el contexto de la investigación mencionada. Es probable que nueve de cada diez de ellas no se concreten. En otras palabras, lo que hace que tu estómago vibre y que te muerdas las uñas o pierdas el sueño por la noche probablemente no sea más que tu imaginación, un juego mental creado para que te conformes a la situación.

## Destruye las imaginaciones del miedo

¿Creías en San Nicolás cuando eras niño? Yo sí. Hasta que llegué a tercer grado. Estaba convencido de que el viejo y alegre Santo realmente se abría paso a través de todas las chimeneas del mundo en una sola noche. Como prueba, encontré restos de su larga barba blanca enganchados en las ramas de nuestro árbol de Navidad.

Cuando llegó el momento de que mis padres terminaran ese cuento de hadas, todo lo que tuvieron que hacer fue mostrarme el algodón que habían usado para dejar rastros de lo que parecía una barba. También necesitaban explicar que el "rastreador de San Nicolás" en las noticias era solo una simulación. Con un poco de verdad, puf, San Nicolás se había ido para siempre.

La verdad no solo trabaja para aplastar las fantasías infantiles, sino que es poderosa para destruir las fábulas adultas, como las aterradoras imaginaciones de un futuro desconocido. Silenciar las mentiras con la verdad es el principio espiritual que yace en la esencia de este libro. Es un principio al que la ciencia está despertando ahora. Es por eso que los psicólogos sugieren que una de las mejores formas de vencer el miedo es reunir tanto conocimiento como sea posible.[3]

Eso es lo que hice antes de dejar mi trabajo para dedicarme al ministerio a tiempo completo. No renuncié a mi trabajo simplemente por capricho, sin investigar ni analizar. Examiné las oportunidades y consideré la confirmación de los demás. También estudié los gastos personales y del ministerio en relación con los ingresos actuales y los proyectados. Incluso hice algunas hojas de cálculo.

Esos no eran, por supuesto, mis únicos referentes para saber si debía dar un paso al costado. Fueron algunos de los muchos indicadores que usé para discernir la sabiduría. Como verás más adelante en este capítulo, no hay nada de malo en recopilar información razonable para pronosticar lo que podría estar por venir. A veces Dios te ordena que lo hagas. Sin embargo, las opiniones, los números y las hojas de cálculo solo pueden llegar hasta cierto punto. Dado que no pueden decirte lo que sucederá en realidad, es imposible que eliminen todo el miedo. Es por eso que todavía viste la duda y el temblor en la entrada de mi diario.

En verdad, mi análisis mostró que mi decisión no tenía sentido mundano. Los números no coincidían con lo que cualquier asesor financiero hubiera dicho que necesitaba para tener éxito. Ahí es donde la Palabra de Dios domina. Cuando todo indicador mundano advierte de un peligro seguro, la Palabra de Dios contiene dos realidades que lo cambian todo. Explorémoslas ahora.

## La primera realidad que silencia al miedo: la Presencia de Dios

Moisés estaba destinado a sacar al pueblo de Dios de la esclavitud en Egipto a una tierra de libertad. Pero cuando Dios lo llamó por primera vez desde una zarza ardiente, Moisés tenía todas las excusas en cuanto a por qué no podía, no debía o no debía ser usado por Dios: "¿Quién soy yo para comparecer ante Faraón? ¿Quién soy yo para sacar al pueblo de Israel de Egipto? (Éxodo 3:11).

La respuesta de Dios a la inseguridad de Moisés no le proporcionó un método para lo que debía hacer. No le aseguró ningún medio material que pudiera ayudarlo a tener éxito. No, Dios respondió al temor de Moisés con una sola promesa: "Yo estaré contigo" (v. 12).

La realidad de la presencia de Dios con Moisés iba a ser la fuente principal de su valor y su confianza. Era el fundamento sobre el cual iba a enfrentarse al gobernante de Egipto y, luego, guiar al pueblo de Dios en un viaje que se iniciaría con la tarea de atravesar un mar para terminar con el desplazamiento de los habitantes de una tierra a otra.

La historia del viaje de Israel fuera de Egipto y hacia la tierra prometida ocupa casi cinco libros de la Biblia (desde Éxodo hasta Josué). Se podría dedicar un volumen completo y algo más a narrar su viaje de cuarenta años. Pero en cada punto crucial del camino, la respuesta de Dios al temor siempre fue su presencia.

- Cuando Moisés alegó que no hablaba lo suficientemente bien como para convencer a Faraón, Dios insistió: "Yo estaré contigo" (Éxodo 3:12).
- Durante el éxodo, mientras eran perseguidos por los ejércitos de Egipto, Dios dijo: "El Señor mismo peleará por ti. Mantén la calma" (Éxodo 14:14).
- Cincuenta y tantos días después de su viaje, cuando Moisés buscó más ayuda, Dios volvió a garantizarle: "Moisés, iré personalmente contigo y te haré descansar; todo te irá bien" (Éxodo 33:14).

¿Lo ves? En cada momento de preocupación a lo largo del camino, Dios les aseguró que estaría con ellos y que pelearía por ellos.

Sin embargo, a pesar de la promesa de la presencia de Dios, todavía les pidió que se prepararan para lo que estaba por venir. Para ampliar la historia que exploramos brevemente en el capítulo 2, a medida que se acercaban a la tierra prometida, Dios le habló a Moisés y le dijo: "Envía hombres a explorar la tierra de Canaán" (Números 13:2). Moisés obedeció las instrucciones de Dios y envió a doce hombres adelante para investigar la topografía de la tierra, la calidad de su suelo y el poderío de sus habitantes.

Después de cuarenta días de recopilar datos y pruebas, los exploradores regresaron a la comunidad para compartir su informe. "Ciertamente es una tierra fructífera, una tierra que mana leche y miel", afirmaron mientras repartían muestras de sus frutos (v. 27). Su alegría terminó allí. "Pero la gente que vive allí es poderosa, y sus ciudades son grandes y fortificadas. Incluso vimos allí gigantes" (v. 28).

Al escuchar esa noticia, la mente de la gente se puso a toda marcha al instante, interpretando lo que eso podría significar. Imaginarse los peores escenarios los consumió al punto que toda la nación entró en pánico por el temor a una derrota segura: "La tierra por la que viajamos y exploramos, devorará a cualquiera que vaya a vivir allí" (v. 32). Su miedo era tan intenso que deseaban haber muerto.

¿Había realmente gigantes viviendo en esa tierra? Absolutamente. ¿Eran los gigantes físicamente más fuertes que el pueblo de Israel? Sin duda. Si esas fueran las dos únicas realidades en las que basarían su resultado, sería prudente tener miedo. Pero había una realidad mayor que considerar.

La presencia de Dios. Eso es lo que Josué y Caleb le recordaron a Israel, y lo que los sacó del hechizo de sus sentimientos: "Así que no se rebelen contra el SEÑOR ni tengan miedo de la gente que habita en esa tierra. ¡Ya son pan comido! No tienen quién los proteja, porque el SEÑOR está de parte nuestra. Así que, ¡no les tengan miedo!" (Números 14:9).

Despertado de nuevo por la verdad, Israel finalmente continuó el viaje. De vez en cuando se manifestaban los temores, pero cada vez la seguridad de Dios seguía siendo la misma: "¡Sé fuerte y valiente! ¡No tengas miedo ni te desanimes! Porque el SEÑOR tu Dios te acompañará dondequiera que vayas" (Josué 1:9).

### ▌ Tu verdad: Dios está contigo

Uso un anillo en mi mano derecha que tiene una instrucción de Dios en cuanto a ser fuerte y valiente. Me sirve de recordatorio constante de que el valor no es ausencia de desafíos reales. Ser fuerte no significa que siempre me sentiré así. Más bien, a pesar de cualquier otra información que pueda recopilar sobre el futuro, la que más importa es que Dios está conmigo. Si es algo que él me ha llamado a hacer o ha prometido que haría, nada puede impedir que lo posea. Dios no solo está conmigo para protegerme y fortalecerme en el presente, sino que va delante de mí para luchar contra los obstáculos y los enemigos que se avecinan. Es por eso que cuando incluso un pensamiento aterrador entra en mi mente, a menudo lo desecho con una breve declaración basada en esta verdad. Digo: "Dios está aquí, incluso en los lugares que temo".

Como dije anteriormente, es bueno ser consciente de los desafíos de tu viaje. Es bueno ser sabio en cuanto a saber tus fortalezas y tus debilidades. No es pecado tratar de anticipar o mitigar algunas de las incógnitas. Adelante, espía tu promesa. Simplemente no te dejes paralizar por los "qué pasaría si" y las preguntas que a menudo surgen al hacerlo.

Mantén la realidad de la presencia de Dios en lo más alto de tu mente recordando que nunca te enfrentas solo al hoy ni al mañana. De hecho, estás mejor que Moisés, Josué o Israel. Dios estaba con ellos, pero gracias a Jesús, ahora ¡Él está en ti! Eso significa que nunca tendrás que pelear una batalla por ti mismo. Cualquier obstáculo que enfrentes no solo te enfrenta a ti, sino que se enfrenta a Dios. Y esa es una batalla perdida por eso, no por ti.

## La segunda realidad que silencia al miedo: la fidelidad de Dios

La vida cristiana es innegablemente un camino de confianza, pero Dios nunca nos pide que confiemos en él solo porque lo dice. Dios nos pide que confiemos en él basado en lo que ya hizo. Y eso es todo lo que le ha pedido a su pueblo.

Para entender lo que quiero decir, considera la experiencia de Adán y Eva. Recién creados como adultos en una creación madura y sin historia de la cual aprender, las instrucciones de Dios podrían haber sido especialmente sospechosas. Podrían haberse preguntado: "¿Está Dios realmente diciendo la verdad? ¿Deberíamos confiar en él?". Por eso, desde el principio, antes de pedirles nada, Dios estableció su carácter.

Inmediatamente después de soplar su aliento en Adán, la Biblia relata que lo colocó en un jardín donde "hizo brotar de la tierra toda clase de árboles" (Génesis 2:9). Dios no solo le pidió a Adán que creyera que él era su Creador, sino que le mostró que lo era. Además, la Biblia sugiere que la primera pareja organizaba visitas periódicas a Dios en el jardín. Es divertido imaginar el tipo de cosas de las que podrían haber hablado. Quizás en ese tiempo Dios les enseñó algo de lo que nos preguntamos cómo aprendieron los humanos. Cosas como la manera de cultivar, hacer fuego y cocinar. Sea como fuere, ese tiempo con Dios les habría ayudado a conocer su corazón. Lo que quiero decir es que Dios no se sentó en el cielo y les pidió que confiaran en él. Al contrario, mostró su poder creador y su amistad, y les probó que era confiable para ellos.

Lo mismo se puede decir acerca de Dios cuando le pidió a Moisés que se enfrentara a Faraón y guiara a su pueblo con el fin de escapar de la esclavitud de Egipto. Antes de que Dios le dijera a Moisés que saliera, le habló desde las llamas de una zarza que ardía pero no se consumía. Para apagar todos los fuegos tipo "qué pasaría" de Moisés, Dios hizo señales frente a sus ojos. La historia de la salida de Israel a la Tierra Prometida está llena de más demostraciones del carácter de Dios de las que puedo contar. Dos de los aspectos más destacados son que abrió un camino seco a través del Mar Rojo para que la gente pudiera escapar y el hecho de que les proporcionó comida milagrosamente cada mañana de su travesía. Si bien el viaje hacia su promesa incluyó sorprendentes saltos de fe y riesgos inigualables a cualquier cosa que tú o yo hayamos tenido que hacer, les dio muchas razones para confiar en que el Dios que prometió estar con ellos sería fiel para proveerles y protegerlos.

Aun así, como hemos visto en su historia, la propensión de las personas a descartar la presencia de Dios por lo que ven, escuchan o sienten en el momento es fuerte. Es por eso que Dios les pidió que volvieran a contar las historias de su poder frecuentemente y que establecieran algunos recordatorios físicos de su bondad. Al entrar en la tierra prometida, el Señor ordenó que se construyera un monumento (ver Josué 4:1-7). También le dijo a su pueblo que celebrara anualmente la Pascua para recordar el milagro de su liberación de Egipto.

Dios sabía que reflexionar sobre su bondad en el pasado era clave para que tuvieran valor en el futuro.

Años más tarde, el futuro rey de Israel, David, usó este principio para derrotar a un gigante llamado Goliat. En ese momento, David era joven e inexperto en la batalla. Goliat, por otro lado, había sido un hombre de guerra desde su juventud y era considerado campeón de los filisteos. Todos sabían que David no era rival para ese gigante. Estoy seguro de que David también temía lo mismo.

A pesar de la marcada diferencia en estatura y experiencia, David se enfrentó audazmente a ese bestial hombre con la confianza que desarrolló al reflexionar sobre la fidelidad de Dios en su historia. David se preparó valientemente para el conflicto alardeando: "Jehová, que me rescató de las garras del león y del oso, me librará de este filisteo" (1 Samuel 17:37). El valor de David para enfrentarse a Goliat no se basó en su propia capacidad para triunfar, sino en la de Dios, porque sabía que Dios lo había hecho antes.

## Tu verdad: todavía estás aquí

Mi historia con Dios es lo que me da la fe para dar otros pasos audaces. Dejar mi trabajo por el ministerio de tiempo completo fue el mayor riesgo que corrí hasta ese momento. No sabía de dónde vendría el dinero. No tenía certeza en cuanto a conseguir suficiente para sostenerme. Pero cuando Dios me llamó a dar ese paso, ya había aprendido que no necesitaba estar seguro. Dios siempre había provisto. Cada vez que escuchaba: "Deberías tener miedo", silenciaba esa voz reflexionando sobre los momentos en los que temía que nunca lo lograría, pero lo hice. No siempre me quitó el nerviosismo, pero me infundió el coraje para seguir adelante sabiendo que, de alguna manera, Dios abriría un camino nuevamente. Lo cual hizo.

Tú también tienes una historia con Dios. ¡La prueba es que todavía estás aquí! Estás leyendo estas palabras, lo que significa que superaste desafíos que nunca pensaste que superarías: pruebas que temías que nunca pasarías, facturas que estabas seguro de que nunca desaparecerían o síntomas que temías que serían tu fin. Claro, tal vez no todo salió como deseabas. Sin duda, ha habido dolor y pena en el camino. Así es la vida. Pero de una forma u otra, Dios te trajo aquí, a este momento.

Medita en esto: tienes una tasa de supervivencia del cien por ciento a través de todo lo que has pasado hasta ahora. No hay razón para creer que eso cambiará hoy.

## Supera tus miedos

John Wesley es quizás uno de los más grandes teólogos y evangelistas conocidos en la historia cristiana. A lo largo de su ministerio en la década de 1700, se opuso fervientemente a la trata de esclavos, apoyó a las mujeres en el ministerio, inició una revolución dentro de la Iglesia de Inglaterra y fundó la Iglesia Metodista. En su día, esas fueron posturas audaces que implicaban grandes riesgos, todo lo cual le generaron duras críticas y persecuciones.

Con tal historial, los admiradores miraban a Wesley como un modelo de valentía. Tal vez por eso un hombre lo abordó para pedirle consejo sobre cómo superar el miedo.

"No sé qué haré con todas estas preocupaciones y problemas", confió el hombre. Mientras caminaban, Wesley notó una vaca que miraba por encima de un muro de piedra.

Luego, con un ingenio repentino que parecía una inspiración divina, preguntó:

—¿Sabes por qué esa vaca está mirando por encima del muro?

—No —dijo el hombre.

—La vaca está mirando por encima de la pared porque no puede ver a través de ella —observó Wesley—. Eso es lo que debes hacer con tu muro de problemas: mirar por encima de él. [4]

¿Qué obstáculo te mira a la cara que te provoca sentimientos de miedo? ¿Qué desafío te impide cumplir una promesa o simplemente disfrutar de tu vida? Si permaneces obsesionado con eso, nunca lo superarás. Si esperas que desaparezca, nunca progresarás. Así que considera el consejo de Wesley y medítalo. Cada vez que el susurro: "Deberías tener miedo" se meta en tu mente con todas sus imaginaciones y especulaciones, expúlsalo con la verdad de que Dios está contigo, va delante de ti y nunca te dejará. Recuerda el registro de tu historia con él. A través de todo lo que siempre has temido, él te ha sacado adelante y todavía estás aquí. Es probable que los desafíos que veas ahora se eliminen para cuando llegues. Y si no es así, la gracia de Dios te ayudará cuando llegues allí, como siempre lo ha hecho.

Ahora que hemos confrontado el sentimiento del miedo, seamos más específicos y confrontemos una de las voces temerosas más comunes y paralizantes: "No perteneces a nada". Acompáñame a callar esa mentira en el próximo capítulo.

### ¡Háblalo!

Dios está conmigo y delante de mí; por lo tanto, tengo toda la fuerza, la provisión y la protección que necesito para pasar lo que está aquí y lo que está por delante. Así como me ha librado en el pasado, sé que será fiel para hacerlo de nuevo. ¡No tengo nada que temer!

### Preguntas de reflexión

1. ¿Cuál es tu reacción más común al miedo? ¿Por qué crees que reaccionas de esa manera?

2. ¿A qué miedos te enfrentas en cuanto a tu presente o tu futuro? Aparta un tiempo para escribirlos, luego separa las realidades de las interpretaciones.

3. Con la lista de temores que acabas de crear, aplica las verdades de que Dios está contigo y ante ti a las realidades. ¿Cómo cambia eso tu interpretación de lo que podría suceder?

4. Nuestros testimonios del pasado son poderosos bloques de construcción para nuestro futuro. ¿Qué eventos en tu historia con Dios puedes usar para desarrollar valor para el futuro?

5. ¿Cuál es un pequeño paso que puedes dar hoy que ignoraría la voz del miedo y mostraría fuerza y valentía?

# 10

## MENTIRA:

# "No perteneces a nada".

Todos hemos pasado por eso, observando desde afuera a algún grupo del que desesperadamente queremos ser parte. Tal vez sea una posición en un equipo deportivo, un lugar en la comunidad o en el círculo íntimo de personas influyentes en tu trabajo o en la iglesia. Sin embargo, entrar parece... bueno... imposible para alguien como tú, porque:

"No eres lo suficientemente atlético".
"No eres lo suficientemente atractivo".
"No eres lo suficientemente inteligente".
"Eres demasiado callado".
"Eres demasiado apasionado".
"Eres demasiado torpe".

Las voces que insisten en que "eres demasiado tal o no tienes las habilidades suficientes de esto" o "eres muy poco de aquello", hacen que creas que nunca podrás ser querido. "No vales nada", afirman. "Tú no eres parte de esto".

En la naturaleza humana yace el anhelo por la aceptación. Los psicólogos consideran que el sentido de pertenencia es una necesidad fundamental junto con el aire, el agua, los alimentos y la seguridad.[1] Sin embargo, no es ningún descubrimiento revolucionario. Los seres humanos fueron conectados para relacionarse desde el principio.

Después de crear a Adán, Dios determinó que necesitaba algo más. No otra planta ni otro animal. Necesitaba algo con lo que pudiera relacionarse. El hombre necesitaba a alguien que pudiera hablar su idioma y comprender sus experiencias. Por eso Dios declaró: "No es bueno que el hombre esté solo" (Génesis 2:18). Adán necesitaba otro ser humano. Así que Dios creó a Eva.

La búsqueda de la aceptación no es mala; es natural. El problema es que la mayoría de nosotros lo hacemos de forma equivocada. Terminamos persiguiendo una falsa sensación de aceptación que nunca satisface, sino que genera inseguridad y molestia en nosotros.

## Encajar vs. Pertenecer

En la historia de la creación, Adán fue el primero en ser formado, definido y a quien Dios le asignó un nombre. La compañía que Dios hizo era adecuada para la forma en que fue creado.

¿No buscamos relaciones opuestas a partir de eso? Encontramos un grupo o una persona con la que queremos estar mucho tiempo y luego buscamos encajar con ellos. Pero encajar es eso: acoplarse. Ajustarse a los demás para dar forma a algo más. Es cambiar o renunciar a algo de ti mismo para igualar otra cosa.

En el proceso de tratar de encajar, pierdes la esencia de cómo te creó Dios. Te conviertes en nada más que un espejo de aquellos de quienes buscas aceptación, para que cuando te miren, se vean a sí mismos y no a ti.[2] La esperanza es que les guste lo que ven de ti. Pero si lo hacen, entonces tienes un problema mayor. Porque con lo que los atraes es con lo que debes conservarlos. Y eso es todo menos libertad. Mi amiga Angie fue una vez un ejemplo perfecto de la esclavitud que trae encajar y hacia dónde conduce. En la escuela, ella no era excluida. Era la chica que disfrutaba de un asiento en la popular mesa del almuerzo. Su personalidad burbujeante de porrista facilitó que la quisieran, tanto que fue elegida reina de la fiesta de graduación en su último año. Sin embargo, la popularidad llegó con grandes expectativas. Unas eran creadas por otros y algunas eran autoimpuestas. "Entre mis compañeros, no podía ser la entusiasta geniecilla de Star Wars que realmente era", recordó. "Tenía etiquetas que modelar y un estatus social imposible de mantener". Así que hizo lo que creyó necesario para mantener la aceptación de sus compañeros: consumir muchas drogas y alcohol. "Fue triste", admitió Angie. "Durante demasiados años, fingí ser algo que no era, por temor a que no me aceptaran tal como Dios me creó".

Ser aceptado cómo Dios te creó es el punto de referencia de la verdadera pertenencia. Eso es lo que debes perseguir. Sin duda, es posible que no te brinde popularidad entre las masas. Tu yo auténtico probablemente no se adapte a las fantasías de todos. Para experimentar la pertenencia, a menudo tu círculo social debe reducirse antes de tener la oportunidad de expandirse. Cuando eso suceda, no creas la mentira de que algo anda mal contigo. La poda social es algo bueno. Acógela. Es una oportunidad para ser lo que estás destinado a ser y de hacer lo que debes con las personas con las que debes hacerlo.

Eso es exactamente lo que el enemigo no quiere. La identidad que Dios te dio es la mayor amenaza para él. Es por eso que, como ya hemos explorado en este libro, trabaja de maneras muy engañosas para que la dejes. Capitalizar tu necesidad de pertenencia es otra de esas formas. Pero escúchame, Dios no te hizo como eres para que ocultaras quién eres. No, te creó deliberadamente, con todas tus peculiaridades y cualidades, para un hermoso y poderoso propósito.

Ahora, consideremos los dos fundamentos de tu valor y el por qué perteneces.

## Primer fundamento: fuiste escogido por Dios

Timoteo, el protegido del apóstol Pablo, nació como un "error" dentro de su cultura. Su madre era judía mientras que su padre era griego. Esa mezcla de razas era un gran no-no según la ley judía. En nuestra perspectiva moderna, es difícil comprender cuál es el problema. Pero en aquel entonces, un chico producto de una relación mixta enfrentaba enormes consecuencias que lo habrían dejado excluido de sus compañeros. No pudo haber sido educado con otros niños judíos, ni casarse con una mujer judía ni participar en cualquiera de los festivales judíos, todo por algo que no eligió. Por esas razones, la sociedad calificaba a Timoteo como equivocado, por lo que lo rechazó.

Sin embargo, la sociedad era la que estaba equivocada. A pesar de las circunstancias de su nacimiento, Pablo lo seleccionó como su compañero de misiones para que lo ayudara a edificar la Iglesia de Dios. La tradición dice que se convirtió en obispo de la iglesia de Éfeso. El mundo podría no haberlo querido, pero Dios sí.

¿Batallas sintiéndote como si fueras un error por algo que no elegiste tú? ¿Tal vez incluso por la forma en que naciste? Soy el más joven de cuatro hijos por una gran diferencia. Mi hermano más cercano es ocho años mayor que yo. Sé que probablemente estés pensando que fui un accidente. Créeme, yo también he pensado eso.

Mis padres, sin embargo, aseguran que no es así. No les creía mucho, pero con el tiempo me he dado cuenta de que eso no importa. El hecho es que estoy aquí. Y tú también. Cómo, cuándo y la condición en la que entraste en este mundo no tienen relación con tu valor porque la Biblia asegura que Dios te escogió mucho antes de que nacieras (ver Efesios 1:4).

Como dije hace algunos capítulos, no eres una sorpresa para Dios. No saliste de la matriz y dejaste a Dios luchando para decidir qué hacer contigo. Tu nacimiento no causó crisis en el cielo. Dios sabía lo que estaba recibiendo antes de que fueras una novedad para tus padres y, de todos modos, te permitió nacer. Si eres producto de un incidente o un accidente, piénsalo de esta manera: ¡Dios te quería tanto en este mundo que usó una forma poco convencional o inesperada para hacerlo!

Anímate ya que Dios no toma decisiones de la misma manera que los humanos. La Biblia lo hace evidente. Mientras escogía a David para que fuera rey, Dios reveló: "El pueblo juzga por la apariencia, pero Jehová mira el corazón" (1 Samuel 16:7).

La elección de Dios no se basa en la historia familiar. Escogió a Abraham de una familia de idólatras para que fuera el padre de la fe. Su elección no se basa en un pasado impecable. Escogió a Rahab, una ex prostituta, para ocupar un lugar importante en el linaje de Jesús. La elección de Dios no tiene que ver con fuerza. Escogió a Gedeón, el autoproclamado hombre más débil de su tribu, para que fuera libertador de Israel. Como exploramos con Timoteo, su elección no se basa en las circunstancias adecuadas. Dios tampoco elige basado en el género. En un día en que no se confiaba en el testimonio de la mujer, Dios escogió a María Magdalena como la primera persona en anunciar la resurrección de Jesús.

¡Y Dios te eligió a ti también! ¡Sí a ti! Tú, con el pasado doloroso y promiscuo. Tú, que sentías que tus padres nunca te querían. Tú, que luchas con discapacidades y diferencias que te hacen cuestionar si perteneces a algo, que te hacen sentir como si estuvieras equivocado. Tú, a quien toda la vida te han dicho que no tienes lo que se necesita para triunfar. Dios te eligió a ti.

## ▌ Segundo fundamento: fuiste hecho a mano por Dios

Cualesquiera sean las circunstancias de cómo llegaste a existir, una cosa que es segura es que estás hecho a la imagen de Dios. Recuerda que esta es la base del por qué Dios te ama incondicionalmente. También es lo que te hace más valioso que todo lo demás en la creación, y es la evidencia más clara de por qué perteneces.

Después de la concepción de la creación, Dios habló a su tierra recién nacida para que produjera toda clase de plantas y animales: "dijo Dios: ¡Que haya vegetación sobre la tierra!... ¡Que produzca la tierra seres vivientes...!" (Génesis 1:11, 24).

A continuación, Dios hizo algo muy diferente. En lugar de hablarle a la tierra para que produjera, Dios se habló a sí mismo para agregar algo de su propia imagen: "Hagamos al ser humano a nuestra imagen y semejanza" (v. 26). Para ello, Dios usó más que su boca para crear; personalmente formó a Adán y a Eva con sus propias manos. La Biblia resume su mayor logro: "Y Dios creó al ser humano a su imagen; lo creó a imagen de Dios. Hombre y mujer los creó" (v. 27).

El contraste entre la creación de las plantas, los animales y la formación de las personas es marcado. Para que no te pierdas lo que significa, permíteme destacarlo una vez más. Todo lo que se ve dentro de la creación refleja lo creado y sale de la tierra por un mandato de la boca de Dios. ¡Sin duda, eso es poderoso! Pero solo la humanidad refleja a Dios mismo. Fuimos producidos por su toque personal.

La verdad de que cada persona es creada a la imagen de Dios es una noción asombrosa. Es aún más extraordinario cuando se considera lo que se supone que debe hacer una imagen. Por definición, la imagen es una representación o un reflejo de algo. En pocas palabras, Dios creó a las personas para reflejar y demostrar los diferentes aspectos de lo que él es. Nadie más en la creación puede hacer eso. Solo tú y yo.

Muchos resentimos nuestras diferencias, creyendo que son ellas las que nos descartan o nos consideran inaceptables.

Gastamos mucho tiempo, energía y dinero trabajando para parecernos a los demás, para ser "normales". Pero, ¿y si nuestras diferencias son por diseño? ¿Qué pasa si cada uno refleja un aspecto único de Dios que él quiere que se muestre? Tal vez esa es la verdadera batalla. ¡Tal vez nos estamos esforzando desesperadamente por ocultar lo que Dios quiere que se vea! Considera las siguientes formas en las que puedes reflejar a Dios de manera única.

### Tu cuerpo es un reflejo de Dios.

Todos tenemos al menos una cosa que creemos que es una imperfección física evidente. Es algo que entendemos que todos notan en el momento en que nos ven. Incluso podrías tener más de una cosa. En mi cabeza, podría recitar al menos una docena de cosas que hubiera deseado que fueran diferentes sobre mi apariencia física. Unos pocos centímetros extra de altura hubiesen sido perfectos. Los huesos más gruesos también estarían bien. Por años, detesté lo pálida que era mi piel. Y nunca me ha gustado la forma de mi nariz ni la de mis ojos. ¡Es tan fácil dejarse llevar por eso!

¿Por qué nos disgustan apasionadamente ciertas características físicas de nosotros mismos? Sospecho que es porque estamos inundados de medios que proyectan un modelo de perfección. Uno que ninguno de nosotros, ni siquiera los propios modelos, podemos lograr sin una serie de retoques informáticos.

Nunca encontrarás un lugar en las Escrituras donde Dios le pida a la gente que desee características diferentes. Él nunca llama a una cualidad natural de alguien poco atractiva o no deseada. Al contrario, la Biblia razona que cada cualidad es un reflejo de nuestro Creador:

> Tú creaste mis entrañas; me formaste en el vientre de mi madre. ¡Te alabo porque soy una creación admirable! ¡Tus obras son maravillosas, y esto lo sé muy bien!
> Salmos 139:13-14

David reconoció que sus rasgos físicos no eran producto de la casualidad, sino de la decisión de Dios. Así que continúa describiendo que "Mis huesos no te fueron desconocidos... cuando en lo más profundo de la tierra era yo entretejido" (v. 15). Tú y yo fuimos hechos de la misma manera. Jesús reveló que Dios contó los cabellos de tu cabeza (ver Lucas 12:7). La forma de tu nariz y tus dientes, tu altura, tu estructura ósea y el color de tu cabello y de tus ojos, tienen falta de nada. Cada variedad proviene de la imagen de Dios.

El color de la piel puede ser el mejor ejemplo de los grandes grados de diferencia que pueden provenir de una fuente. Los eruditos creen que Adán y Eva fueron creados con piel marrón. Eso no solo encaja con la región del mundo en la que vivían, sino que está en consonancia con las variaciones del color de la piel en la actualidad. Puedes investigar la ciencia detrás de esto pero, en resumen, el castaño medio contiene toda la información genética necesaria para producir todos los colores de piel, desde el blanco más claro hasta el negro más oscuro. El color del cabello, el de los ojos y la forma de tus rasgos funcionan de manera similar.[3] Ninguno es mejor que otro. Ninguno es más piadoso. Todos somos una sola raza con diferencias físicas que provienen del Dios que reflejamos (ver Hechos 17:26).

*Tu personalidad y tus pasiones son un reflejo de Dios.*

Por años, desprecié mi personalidad introvertida. Estaba seguro de que el diablo me la había dado para interponerme en el camino de lo que Dios me había llamado a hacer. Así que traté de cambiar eso a través de la oración, los ejercicios y la liberación. Pero a pesar de mis mejores esfuerzos, mi personalidad no fue a ninguna parte. Fue entonces cuando sentí que Dios me decía que me calmara. *Yo te di esa personalidad*, sentí que me aseguraba.

Desde entonces, celebro mi naturaleza. Me he dado cuenta de que puedo hacer cosas como introvertido que otros no pueden. De hecho, esa parte de mí es lo que me hace exitoso en mi trabajo. Claro, puede que no sea el alma de la fiesta o un predicador gracioso, pero la energía que obtengo del tiempo a solas me hace introspectivo y me motiva a buscar ideas profundas. Estas son cualidades que se manifiestan en mis escritos y enseñanzas.

Los extrovertidos, por supuesto, pueden hacer cosas que yo no puedo. A menudo envidio las habilidades de liderazgo, la destreza para establecer contactos y la gran pericia que tienen algunos de mis amigos extrovertidos para trabajar en una escenario con extraños. Detesto la pequeña charla. ¡Pero agradezco que a algunas personas les encante!

Nadie tiene todo lo que necesita. Cada uno tenemos una parte, por eso Dios nos creó para que trabajemos juntos como un cuerpo. Los tipos de personalidad pertenecen y tienen su lugar porque son reflejos de la imagen de Dios.

También lo son tus habilidades y tus pasiones. Recién hecho a la imagen de Dios, Adán recibió la tarea de atender y cuidar el jardín de Edén (ver Génesis 2:15). Su trabajo no era solo cultivar alimentos, sino proteger y desarrollar la belleza del jardín.

Así como Dios le dio a Adán la capacidad de hacer ese trabajo, más tarde les dio a otros habilidades muy diferentes por razones muy distintas. En el camino de Israel a la tierra prometida, Dios le pidió a su pueblo que construyera un lugar que albergara su presencia y donde pudieran presentar ofrendas durante el viaje. Para ayudar a construirlo todo, Dios dotó a las personas con una variedad de habilidades y pasiones: "También he dotado de una habilidad especial a todos los artesanos competentes para que puedan realizar todo lo que he mandado construir" (Éxodo 31:6 NTV). Lo que la gente construyó no fue un lugar cualquiera. Dios dotó a diversas personas con diferentes habilidades para construir un hermoso lugar lleno de grabados ornamentados, piedras preciosas, oro y plata.

¿Qué te apasiona? ¿Qué talentos tienes? ¿Has considerado que tus intereses pueden ser dados por Dios y no por coincidencia? No me refiero solo a los dones ministeriales, sino a los talentos del maestro, el médico, el científico, el artista, el animador, el padre que se queda en casa y sí, incluso el político. Las habilidades y pasiones que dan poder a cada vocación (siempre que no sean algo pecaminoso, por supuesto) son dadas sagradamente por Dios para ayudar a cultivar su mundo con belleza y sofisticación.

He oído decir que no es casualidad que la Biblia comience en un jardín y termine en una ciudad. Tus dones son una gran parte del plan de Dios para llegar allí. Fuiste hecho a mano para expresar y crear de una manera única lo que proviene directamente de Dios.

### Tu situación es un reflejo de Dios.

Si puedo desafiarte un poco más, quizás tu situación o la etapa de tu vida sea un reflejo de Dios. Escúchame. No me refiero a algún tipo de circunstancia desafortunada como un desastre, enfermedad o trauma. Ya hemos establecido que este tipo de sucesos no provienen de la mano de Dios. Pero estoy hablando de los lugares o posiciones en las que te encuentras actualmente, algunos de los cuales puedes detestar.

Comparemos la soltería y el matrimonio, por ejemplo. Muchas personas solteras desprecian su "condición" y están desesperadas por encontrar a alguien. Eso es natural. Como dije antes, la búsqueda de una relación está conectada con nosotros. Aun así, conozco demasiadas personas casadas que, después de que la novedad desaparece, anhelan la libertad de sus amigos solteros. Como suele decirse, la hierba es más verde del otro lado. Esa es la naturaleza humana, al parecer, querer lo que no se tiene.

Los solteros a menudo se apresuran a quejarse de que la iglesia moderna eleva el matrimonio por encima de la soltería. Descubrí que eso se debe a que muchos de los ministros de hoy confunden la declaración de Dios: "No es bueno que el hombre esté solo" con lo que significa el matrimonio (Génesis 2:18). Sin embargo, soltero no significa solo. La declaración de Dios es una declaración de pertenencia que también se puede encontrar en amigos, familiares y otras comunidades cercanas.

Habiendo dicho eso, tanto el matrimonio como la soltería son expresiones poderosas y necesarias de Dios. El matrimonio es la representación terrenal de Dios en referencia a la unión eterna entre Cristo y su Iglesia. Eso es hermoso. La soltería, por otro lado, es la demostración de Dios en cuanto a la suficiencia de Cristo en su reino celestial, donde no hay matrimonio humano. Eso también es hermoso. Ninguna situación es mejor, ninguna honra más a Dios ni ninguna es más completa que la otra. Cada una refleja un aspecto de lo que es Dios que, tanto la iglesia como el mundo, necesitan desesperadamente ver hoy.

Solo estoy reflexionando aquí, pero quizás las denominaciones cristianas, que muchos consideran divisivas, reflejan características distintas de la imagen de Dios. ¿Es posible que los fundamentalistas y su énfasis en la Palabra de Dios, los carismáticos y su énfasis en la presencia de Dios, los liturgistas y su énfasis en la reverencia, y los "proclamadores de la gracia" y su énfasis en el amor y la compasión, reflejen cada uno algo que Dios quiere transmitir acerca de sí mismo? Con mucha frecuencia nos tratamos unos a otros como enemigos cuando todas esas expresiones se concentran en la persona de Cristo. ¿No pertenecen todos de alguna manera? "Por todos los que alguna vez crean en mí", oró Jesús a su Padre, "que sean uno, así como tú y yo somos uno" (ver Juan 17:20-21). Con este fin, no espero que las denominaciones de repente asuman las causas de los demás ni celebren las doctrinas distintas de otros. La Iglesia se llama cuerpo de Cristo precisamente porque está compuesta de muchas partes, cada una de las cuales cumple una función y un propósito únicos. Ninguna parte por sí sola puede hacer todo ni ayudar a todos. Pero tal vez la unidad por la que oró Jesús podría realizarse respetando el lugar, el mensaje y la situación de cada uno como parte del corazón de Dios, incluso con un poco de tensión saludable.

Recuerda, la meta del cristianismo no es convertir a nadie en cónyuge, padre, ministro, filántropo o misionero. Más allá del consenso sobre la vida, muerte y resurrección de Cristo, se trata de no ajustarse a una determinada forma de pensar o filiación política. La meta del cristianismo no es llegar a ser nada excepto más y más como Jesús. Y en él hay lugar para una gran variedad de miradas, personalidades, pasiones, habilidades y situaciones.

## Eres la obra maestra de Dios

Fuiste escogido y hecho a mano como un hermoso reflejo de tu Creador. ¿Sabes cómo llamas a algo así? Una obra maestra. Así lo llama Dios también: "Porque somos hechura de Dios, creados en Cristo Jesús para buenas obras, las cuales Dios dispuso de antemano a fin de que las pongamos en práctica" (Efesios 2:10).

Todos sabemos lo que es una obra maestra. Es la pieza más preciada por el que la crea, su obra más valiosa. Los artistas son bendecidos si tienen una sola obra maestra. Pocos, a lo largo de la historia, tienen la bendición de haber tenido más. Beethoven es uno de ellos. También Vincent van Gogh. Así como Miguel Ángel.

Aunque cada uno representa diversos tipos de arte, todos comparten una característica común de su éxito repetido. Beethoven, que era totalmente sordo, compuso sus sinfonías en un vacío de sonido. Nacido con una lesión cerebral, Van Gogh luchó contra la manía y la depresión. Tenía que encontrar la visión en medio del caos y el vacío. Miguel Ángel acredita sus esculturas a un solo principio: "Vi el ángel en el mármol y tallé hasta que lo liberé".[4] ¿Ves? Algunas de las mejores obras maestras de los mejores artistas se crean a partir de algo que nadie más podría reconocer.

Ningún artista, por supuesto, se compara con Dios. Imagina las vistas más hermosas que jamás hayas captado en la creación. Tal vez las montañas cubiertas de nieve, la aurora boreal, un campo de flores silvestres de colores brillantes o las olas rompiendo contra un acantilado imponente. De la nada, Dios creó esas obras maestras. Las vio por lo que eran mucho antes de que nadie más pudiera.

Así te ve Dios. Sé que en este momento tu vida puede no parecer algo valiosa para los demás o para ti mismo, pero las verdades que exploramos a lo largo de este capítulo afirman que hace mucho tiempo Dios vio el valor en ti, ¡porque él mismo lo colocó allí! Por eso decidió traerte a la existencia. Hoy puedes estar rodeado de obstáculos, y tus mejores características pueden estar ocultas bajo capas de inseguridad, miedo, lucha o vergüenza. Incluso mientras lees, Dios está trabajando para eliminar esas capas. Solo debes saber que hay una obra maestra en ti que no tienes que probar, solo tienes que revelarla. Cuando lo hagas, las personas adecuadas lo reconocerán.

Dios te escogió y te moldeó, pero no para encajar en un molde. Lo que pasa con una obra maestra es que es hecha para sobresalir. Por muchas obras maestras que crearon Beethoven, Van Gogh y Miguel Ángel, ninguna fue igual. Cada una de ellas era tremendamente única y fue diseñada para expresar una parte exclusiva del corazón de su creador.

¡Como lo eres tú!

Amigo, no eres un error, ni el producto de una casualidad. Eres resultado de la elección de Dios, resultado de su mano firme. Sí, perteneces como eres con todas tus peculiaridades y cualidades porque con ellas, no a pesar de ellas, reflejas algo de Dios que el mundo necesita ver.

Aun cuando todo esto es asombroso y alentador, debes tener en cuenta que el enemigo intentará convencerte de que debes ser como otra persona para tener éxito. Estoy seguro de que has oído eso antes. Basado en todo lo que has aprendido, a continuación, eliminemos esa mentira.

## ¡Háblalo!

Dios me escogió y me hizo a mano para reflejarlo a él de una manera única. Mi apariencia, mi personalidad, mis pasiones y mis situaciones no me excluyen, al contrario me incluyen. Sí, soy la obra maestra de Dios y pertenezco a la exhibición tal como él me hizo.

## Preguntas de reflexión

1. ¿Qué cosas de ti, o de tus experiencias, te han llevado a creer que no puedes ser aceptado por los demás? ¿Por qué "eso" parece inaceptable?
2. ¿Hubo un momento en el pasado en el que renunciaste a algo de ti mismo para ser aceptado? ¿Cuál fue el resultado de eso?
3. ¿Hubo un momento en el pasado en el que revelaste tu verdadero yo? ¿Cómo respondió la gente? ¿Cómo te sentiste?
4. ¿Qué aspectos de tu cuerpo, tu personalidad, tus pasiones y tu situación reflejan la imagen de Dios y representan el corazón de él? ¿Para qué podría Dios querer usarlos para manifestarse?
5. ¿De qué manera la verdad de que Dios te escogió, y te hizo a mano, cambia la forma en que responderás a él y a las personas en el futuro?

# 11

# "Tienes que ser como otra persona".

Con los medios de comunicación actuales, ¿sientes la constante tentación de compararte con otra persona? ¿A menudo envidias el éxito de otra persona? ¿Estás tentado a imitar lo que ellos hacen, pensando que lograrás lo mismo? Ese es un engaño extraño, pero es común creer que ser otra persona te ayudará a encontrarte a ti mismo.

Yo también he estado atrapado en eso. Tristemente, como un joven ministro que ha estado descubriendo mi voz y mensaje, con demasiada frecuencia he examinado a otros predicadores como casos de estudio. Hubo una temporada en la que apenas podía asistir a una conferencia, ver un mensaje o leer un libro sin medirme con el orador o el autor. En esos momentos, no sacaba absolutamente nada del mensaje porque estaba demasiado concentrado en estudiar su estilo, su formato o tratando de descubrir el secreto de su éxito. Como resultado, mis listas de "Necesito hacer" y "Necesito ser" crecieron bastante con cosas como:

"Necesito contar más historias".

"Necesito ser más gracioso".

"Necesito señales y prodigios".

"¡Necesito usar jeans más ajustados!".

Por supuesto, no podría incorporar todos los rasgos del éxito que vi en otros predicadores que creía que me faltaban a mí. Al menos, no sin parecer un acto circense.

Un día, la voz de Dios irrumpió misericordiosamente entre todas las demás. *¿Por qué no eres simplemente tú? Tienes una personalidad, un estilo y una historia únicos que pueden llegar a las personas que otros no pueden. Usa tu don.*

Yo, ¿tengo un don? Realmente nunca había pensado en mí mismo en esos términos. Me concentraba principalmente en el exterior, preguntándome por qué otros tenían lo que yo deseaba: una oportunidad, una mejor personalidad, una casa, un cónyuge o una cuenta bancaria. Nunca miré a mi interior para considerar lo que tenía que otros no poseían. El aliento de Dios me desafió a considerar qué paquete de características tenía que me permitieran hacer algo único.

¿Alguna vez has pensado que lo que eres es un regalo? Claro, no todo en ti es maravilloso. Como cualquiera, tienes aspectos de tu naturaleza y tu personalidad innatos que necesitan ser corregidos. El Espíritu Santo trabajará contigo en esas áreas. Pero si recuerdas el capítulo anterior, estamos hechos a la imagen de Dios. Cada uno de nosotros refleja aspectos de su personalidad, su carácter y su corazón. Puedo ser introvertido, serio, estructurado, de mentalidad ministerial y un poco genial. Puede que seas extrovertido, jovial, de espíritu libre, de mentalidad musical y un inconforme. Alguien más podría ser una mezcla de nosotros dos, pero también atlético.

Es obvio que hay una infinidad de tipos de personalidad, dones, intereses y situaciones más allá de lo que mencioné que conforman lo que es alguien. No hay dos personas que compartan exactamente la misma combinación. Como la huella dactilar, han sido dotados con sus distinciones para que puedan hacer una huella única. Incluso las cosas que son peculiares sobre ti, tal vez sean las que realmente te distinguen por un propósito. Piensa en algunos de tus héroes favoritos de la Biblia. Muchos de los más memorables también fueron los más peculiares. Considera al profeta Jeremías. Su personalidad era sensible, seria, introspectiva y tímida. También fue soltero. Sus rasgos hicieron que muchas veces fuera rechazado por otros. De vez en cuando, hacían que se rechazara a sí mismo.

Estoy seguro de que Jeremías se lamentó: "¿Por qué no puedo ser como alguien más?". Pero fue hecho a mano por Dios como un último intento para que el corazón de Israel se volviera a él. Los rasgos únicos de Jeremías encajaban perfectamente para llegar a un pueblo que había abandonado a Dios debido a la creencia errónea de que Dios los había abandonado. Después de todo, ¿quién mejor para asegurar la cercanía y la fidelidad de Dios que alguien que literalmente podría decir: "Me senté a solas porque tu mano [de Dios] estaba sobre mí" (Jeremías 15:17 NTV)

Y luego está el apóstol Pablo. Criado como fariseo, dogmático y celoso por naturaleza, tanto que una vez fue el principal perseguidor de los cristianos que saquearon a la Iglesia primitiva, hasta que conoció a Jesús. Pero incluso su encuentro milagroso con Cristo no cambió su personalidad. Y por una buena razón, diría yo. Su temperamento desmedido junto con su dramática historia de perseguidor convertido en apóstol le dio el impulso y la atención que necesitaba para triunfar en el plan de Dios para difundir la fe.

Jeremías y Pablo son solo dos de los muchos héroes de la Biblia cuyo éxito en su llamado se debió particularmente a sus peculiaridades. Eran diferentes porque fueron diseñados para ello. Y tú también. Sí, hay una razón por la que Dios te creó para un momento como este, ¡y definitivamente no es porque seas como todos los demás!

## ▌El secreto tras las redes sociales

La depresión es una batalla complicada, por eso no la limitaré a una sola causa. Pero los psicólogos afirman que una razón importante por la que afecta a más personas como nunca antes, es porque estamos inundados de medios que retratan las vidas de los demás como perfectas mientras vivimos tras el escenario de nuestra propia vida imperfecta.[1]

Escucha esto: hoy, el estadounidense promedio pasa unas diez horas al día frente a una pantalla.[2] No es de extrañar que gran parte de ese tiempo se dedique a navegar por lo que quizás sea el mayor proveedor de insatisfacción, desánimo y depresión: las redes sociales.

Ya sabes qué hacer. Estás aburrido mientras esperas: en un semáforo, a que llegue tu comida, a que termine el día laboral o escolar o a cansarte lo suficiente como para conciliar el sueño. Así que agarras tu teléfono. Sin necesidad de mirarlo, la memoria muscular de tus dedos los mueve directamente a tu aplicación social favorita. De repente, has escapado de lo mundano que es tu vida real y has entrado en la tierra de la fantasía. Tu realidad.

A medida que pasas sin pensar de una publicación a otra y foto tras foto, te vuelves cada vez más inseguro. Eso es porque te enfrentas a los aspectos más destacados de todos los demás. Steve se convirtió en vicepresidente de su empresa. Katie y Chris posaron frente a su nueva casa de tres pisos. Tu amiga de la escuela secundaria compartió una selfi con su familia de vacaciones en Hawái. Otro amigo perdió cincuenta libras con una dieta con helados de marketing multinivel.

A medida que te desplazas, una emoción fea surge dentro de ti. ¡Ninguno de ellos te hace feliz! Vives en un apartamento de dos habitaciones. Ni siquiera estás en la gerencia media y mucho menos en el liderazgo ejecutivo. Te han dicho que no puedes tener hijos. ¡Y el exceso de helado es lo que hace que no te veas como en la escuela secundaria! Con solo unos pocos golpes, tu éxito te hace cuestionar toda tu existencia.

De repente, te sientes impropio, como un fracaso y sin valor. Señal de depresión.

Te revelaré un secreto. Detrás de las pantallas de sus perfiles sociales, la vida de tus amigos cercanos o lejanos no es tan fantástica como crees. Incluso pueden publicar sus momentos notorios como una forma de compensar la misma inseguridad que enfrentan. Así se perpetúa ese círculo vicioso.

Hace algunos años, vi la realidad de eso en mi página de Facebook. Estuve en Carolina del Norte para una conferencia de fin de semana. Parte del evento incluyó un torneo de golf masculino al que el pastor me invitó a acompañarlo. Ahora, por favor comprende, aunque jugué algo de golf en mi juventud, principalmente por una insignia de mérito de golf en los *Boy Scouts*, definitivamente no me consideraba un golfista.

¡Ah, pero me tomé una foto que parecía que lo fuera! Usé un sombrero de recuerdo de un campo de golf que había visitado (pero en el que no había jugado) una década antes. Mi camisa planchada y almidonada estaba metida dentro de unos pantalones chinos blancos. Lucí los zapatos y los guantes de golf. Luciendo completamente profesional mientras posaba en el césped, tomé una selfi y la envié a mis redes.

En cuestión de minutos, inundaron docenas de comentarios. "¡No sabía que jugabas golf!", exclamó alguien. "¿Cuándo podemos jugar contigo?", preguntó otro. Mi deporte favorito, "¡Parece que estás haciendo tu sueño realidad!".

¿Mi sueño? Me reí para mis adentros. ¡Parecía más una pesadilla! ¡Esos dieciocho hoyos que jugué fueron más una lección humillante y de resistir la vergüenza que cualquier otra cosa! La foto captó unos pocos segundos del juego. Lo que no mostró fueron las docenas de tiros errados, bolas perdidas y que no llegaban ni cerca del hoyo.

Esa foto era cualquier cosa menos la realidad. Pero para las masas en las redes sociales, parecía completamente real. Desafortunadamente, estoy seguro de que muchos compararon sus vidas con lo que pensaban que era la mía. Aún más triste, estoy seguro de que algunos experimentaron inseguridad y desánimo en cuanto a sus propias vidas a causa de ello.

## La fea raíz de la envidia

Con este tipo de influencia, no es de extrañar que una de las primeras sugerencias que hagan los consejeros cuando alguien se queja de depresión es decirles a sus pacientes que se tomen un verdadero descanso de las redes sociales y que se enfoquen en lo que realmente importa.[3] Pero para aquellos que por alguna razón no pueden escapar de esa situación, también existe ese pequeño y divertido botón que sirve para dejar de seguir al *influencer* o al programa posteado. Ya sabes, el que oculta las publicaciones de una persona, pero te permite seguir siendo su amigo. He tocado ese botón al menos una o dos veces.

Una vez, lo hice funcionar porque me invadió una perversa sensación de celos cuando vi las publicaciones de un viejo amigo. En el lapso de unos días, compartió lo que parecían ser docenas de fotos de sí mismo aprovechando una nueva oportunidad, casi como si estuviera tratando de probar algo. Eso golpeó un nervio profundo de inseguridad en mí. Así que pulsé el *mouse* en "dejar de seguir".

Cualquiera que sea la motivación que tuvo para sus publicaciones insistentes, no fueron excusa para mi reacción. Es por eso que tan pronto como toqué el botón, escuché lo siguiente: *Mejor que dejar de seguirlo sería que estuvieras satisfecho con tu propia vida.*

¡Ay! Me dolió escuchar eso, pero era cierto. Mi batalla con la envidia no tenía nada que ver con las redes sociales ni con la situación específica que me estaba dando envidia. Y aunque tomar un descanso de las plataformas o dejar de seguir a alguien sin duda tiene sus beneficios, en mi caso, hacerlo solo habría enmascarado los síntomas de una raíz más profunda que existía en mí dentro o fuera de internet.

Sospecho que ese es el caso de la mayoría de la gente. Los celos pueden surgir en la escuela, el trabajo o en la familia. Es por eso que debes llegar a la raíz de la insatisfacción con tu vida cuando estás lidiando con la comparación y todos sus desagradables síntomas. La cura es encontrar el éxito en los dones únicos y el plan que Dios tiene para ti. Sigamos para ver cómo.

## Redefine tu éxito

Las palabras cambian con el tiempo. La palabra éxito es una que actualmente se encuentra en medio de una evolución. Considera la definición del diccionario Webster en 1828. Definía éxito como "la terminación favorable o próspera de cualquier intento".[4] Eso es bastante sencillo. Hoy, sin embargo, se ha introducido otra definición que rápidamente está tomando precedencia. La definición actual incluye "obtener o lograr riqueza, respeto o fama".[5]

Que el *éxito* se defina como la terminación de las cosas que se intentan significa que lograrlo es diferente para distintas personas. Pero debido a lo que acabamos de discutir, lograr riqueza, respeto y fama se está convirtiendo rápidamente en la nueva vara de medir el éxito. En esa definición, no hay lugar para la singularidad del llamado. El éxito depende completamente de ser rico o popular. No es de extrañar que las personas apoyen sus vidas en las redes sociales para proyectar fama y fortuna. Tampoco es de extrañar que luchen intensamente contra la inseguridad, la insuficiencia y la insatisfacción.

La verdadera satisfacción para tu vida proviene de sincronizar tu definición de éxito con la de Dios. Y la suya no suele ser lo que parece correcto a los ojos del mundo. No es lo que alguien más está haciendo. No es la cantidad de dinero en el banco, todos los peldaños subidos, tener la esposa trofeo o la cantidad de *"me gusta"* en las redes sociales. No, el verdadero éxito es mucho más simple y satisfactorio. Es obediencia al plan de Dios.

El primer rey de Israel, Saúl, aprendió una dura lección sobre la obediencia que lo llevó a perder su trono. Durante una conquista de los enemigos de Israel, Dios le ordenó a Saúl que destruyera todos los bienes de la nación derrotada. Pero Saúl no fue del todo obediente. Solo destruyó lo que consideró sin valor o de mala calidad. Se quedó para sí con lo mejor del botín: las ovejas, las cabras y el ganado (ver 1 Samuel 15:9).

A los ojos del mundo, eso era sensato. Era costumbre quedarse con el botín cuando se tomaba otra nación. Saúl incluso se sintió orgulloso de sí mismo por hacerlo con buenas intenciones. Cuando el profeta Samuel lo confrontó por su decisión, insistió: "Son las que nuestras tropas trajeron del país de Amalec. Dejaron con vida a las mejores ovejas y vacas para ofrecerlas al SEÑOR tu Dios, pero todo lo demás lo destruimos" (v. 15).

La respuesta de Samuel silenció el orgullo que Saúl tenía por todo lo que había reunido. ¿Qué le agrada más al SEÑOR: ¿que se le ofrezcan holocaustos y sacrificios, o que se obedezca lo que él dice? El obedecer vale más que el sacrificio, y el prestar atención, más que la grasa de carneros" (v. 22).

La pregunta de Samuel a Saúl es una que debemos hacernos a nosotros mismos. ¿Qué es más importante? ¿Todos los activos que puedes recaudar? ¿Todos los números que puedes lograr para Dios, como las personas en los asientos, los libros vendidos o las ofrendas dadas? ¿O hacer lo que Dios te ha pedido, aunque no parezca tan sensato o impresionante para el mundo?

Sé que para los ministros existe una noción generalizada de que su éxito se basa en el tamaño de su iglesia o el número de personas que pueden atraer a una conferencia. Sin duda, algunas personas son llamadas a dirigir iglesias grandes y hablar a miles a la vez. Pero no todos. Necesitamos iglesias y reuniones de todos los tamaños porque hay gente de todo tipo. No todos se sienten cómodos asistiendo a una megaiglesia. Algunas personas necesitan instrucción especializada sobre temas específicos que no atraerán a las masas. El éxito puede ser pastorear fielmente una iglesia pequeña u organizar eventos de docenas, no de miles.

Para aquellos en el mercado, quizás Dios los ha llamado a subir la escalera empresarial de la influencia. Pero tal vez los ha llamado a ser una influencia constante y fiel de Cristo para sus colaboradores. Para los padres, el éxito puede no ser algo que ellos hagan, sino alguien a quien criar. Para ti, el éxito puede no ser el dinero que ganaste sino los recuerdos que creaste.

No te aferres a una definición de éxito que no pretende definirte a ti. ¿Qué te está pidiendo Dios? Si estás siendo obediente a eso, entonces eres un éxito.

## Integrar, no competir

Alrededor de los 27 años, cursaba mi último año de seminario y ardía de pasión por distinguirme de alguna manera. Todavía no había discernido el mensaje que Dios me daría, pero sabía que quería inspirar esperanza a otras personas. Así que, utilizando un estudio de cine que mi empleador generosamente me proporcionó, organicé entrevistas con personas que tenían historias dramáticas sobre el poder de Dios.

Debido a que a menudo me acompañaban personas que tenían experiencias o dones sobrenaturales, algunas personas asumieron que yo ministraba de manera similar. Con esto quiero decir proféticamente o con énfasis en señales y prodigios. Sin duda, celebro esos dones y valoro el poder de Dios que fluye a través de algunos individuos para sanidad y liberación.

Con el tiempo, mi nuevo emprendimiento trajo oportunidades para hablar en las iglesias. Fue tan emocionante que sentí la presión de operar como aquellos con quienes me asociaba. El problema fue que eso nunca me pareció natural.

No me malinterpretes. Soy apasionado y entusiasta cuando hablo, pero soy docente. A menudo sentía como si mis anfitriones quisieran una experiencia sobrenatural y no un maestro. No importaba si mi sensación era real o hecha por mí mismo. El temor de no cumplir con una expectativa creó algunas de las trampas comparativas que mencioné al comienzo de este capítulo. Cuando traté de incorporar otros estilos de ministerio, solo conseguí frustración. Volvería por defecto inevitablemente a mí. En consecuencia, cuestioné mi llamado. "¿Estoy realmente dotado para el ministerio?". Así que le rogué a Dios que me hablara.

Su respuesta fue amable pero directa. *Sí, Kyle, hay cosas que otros pueden hacer mejor que tú, pero también hay cosas que tú puedes hacer mejor que ellos. No es que unos dones sean mejores que otros. Todos son necesarios en el Cuerpo de Cristo.* Dios continuó confirmando mi don de una manera que no había considerado. *Eres un sanador, pero sanas con palabras.*

Durante demasiado tiempo, me disculpé —esencialmente— por ser yo. "Solo soy maestro", respondía tímidamente a cualquiera que me preguntara sobre mi papel en el ministerio. Después de la seguridad que Dios me dio, dejé caer el *solo*. No puedo esconder mi don, ni hay necesidad de hacerlo. Es evidente en todo lo que hago, incluido este libro. Mi estilo es establecer una premisa y guiar a las personas a una conclusión específica sobre quién es Dios y quiénes somos nosotros para él. Con la enseñanza es que Dios logra su sanidad a través de mí. Y es lo que más satisfacción me produce.

La manera en que Dios me consoló es, en última instancia, la misma con la que el apóstol Pablo animó a la iglesia de Roma. Evidentemente, también se comparaban entre sí, determinando quién era más importante según el nivel de sus dones. Para aplastar la comparación, Pablo describió al pueblo de Dios como un cuerpo que tiene muchas partes, cada una de las cuales tiene una función especial: "Dios, en su gracia, nos ha dado dones diferentes para hacer bien determinadas cosas. Por lo tanto, si Dios te dio la capacidad de profetizar, habla con toda la fe que Dios te haya concedido" (Romanos 12:6 NTV). Pablo pasó a detallar algunos de esos dones que incluyen la profecía, el servicio, la enseñanza, el aliento, el dar, el liderazgo y la bondad.

Este no es un catálogo completo de todos los posibles dones que un cristiano puede tener. Como vimos en el capítulo anterior, algunos dones incluyen habilidades comerciales, otros son roles ministeriales y otros son dones de poder sobrenatural que vienen con el Espíritu Santo. Aunque es posible que tengas varios de ellos, generalmente hay uno que es dominante. Pero nadie los tiene todos.

Si bien Dios es el responsable de honrarte con sus dones, eres responsable de administrarlos. Por eso Pablo exhorta: "Si tu don es servir a otros, sírvelos bien. Si eres maestro, enseña bien" (v. 7 NTV). Y así. Por eso es tan importante conocer y aceptar tu identidad única en Cristo. Cuando sabes quién eres, sabes qué hacer. Y estás más satisfecho cuando lo estás haciendo.

Medita en ello de esta manera. Si sé que soy una mente o una boca en el Cuerpo, entonces haré lo que hace la mente o la boca, que es pensar o hablar. Seré feliz haciendo eso. Puedes ser un corazón, una mano o un pie. Cada uno de ellos tiene funciones distintas, pero igualmente importantes. Pero si una mano envidia a la boca y luego intenta imitar lo que hace, se esforzará pero nunca estará satisfecha. Eso no es porque la mano sea algo menos. Es porque fue diseñada para otra cosa: señalar, mostrar, servir, escribir, crear, colorear, dirigir, conducir, levantar o regalar. Del mismo modo, mientras que la boca puede hacer grandes discursos, inspirar e instruir, siempre fallará si intenta recoger algo, sin importar cuánto lo intente.

Debo recalcar lo que dijo Pablo. Recibimos diferentes dones por hacer bien ciertas cosas. No nos dieron los mismos dones por hacer todo bien. Así como Dios me animó, también te alienta a ti. Sí, otras personas pueden hacer ciertas cosas mejor que tú, pero tú puedes hacer otras cosas mejor que ellos. ¿Cuáles son tus talentos? ¿Qué te gusta? ¿Qué te da energía? Aprovecha y desarrolla uno o dos rasgos principales que tengas. No desees los dones de otra persona. Su gracia no funcionará para ti. En el cuerpo de Cristo, cada uno de nosotros tiene éxito cuando nos complementamos, no cuando competimos por ser el otro.

## Estás equipado de manera única

El gigante Goliat desafió al pueblo de Dios a una pelea que este no podía evitar (ver 1 Samuel 17). Goliat se interpuso entre Israel y la tierra que se les prometió. Su libertad dependía de acabar con ese monstruo filisteo.

Como exploramos en el capítulo 9, David sorprendió a su pueblo cuando insistió en que él fuera el que peleara. Como era joven e inexperto en la batalla, tenía algo que convencer. Innegablemente, hubo otros hombres más probados y mejor equipados para tal desafío.

Con un poco de persuasión, el rey Saúl finalmente accedió, pero con una advertencia. Le pidió a David que fuera a la batalla con su armadura, completamente equipado con un casco de bronce, una coraza y una espada. Dado que esas herramientas fueron las que ayudaron a que Saúl tuviera éxito en sus asignaciones, pensó que también funcionarían para David.

Sin embargo, no fue así. La armadura de Saúl era incómoda para David. "No puedo ir con esto", protestó. "No estoy acostumbrado a esto". Así que procedió a despojarse de lo que no era suyo y recogió solo aquello con lo que estaba familiarizado: cinco piedras lisas, su saco de pastor, su bastón y su honda (ver 1 Samuel 17:39-40).

Equipado con lo que parecía tan pequeño, nadie predijo el éxito de David. Ciertamente, Goliat no lo consideraba una amenaza. "¿Soy un perro, que vienes a mí con un palo?" se burló (ver el v. 43). Pero David no necesitaba todo el poderío militar que otros requerían. Sabía que el plan de Dios para él era derrotar a Goliat. Sabía que la única forma de triunfar con ese plan era hacerlo con lo que Dios lo había equipado. Y lo logró. Para asombro de todos, lo que David llevó a la batalla fue suficiente para derribar al gigante.

Hay una lección profunda en esta historia. Aunque otros parecían mejor equipados y con más experiencia, David fue el llamado. Así es como Dios lo hace, no llama a alguien para lograr su plan usando los dones o el estilo de otra persona. No, Dios equipa de manera única a las personas con lo que necesitan para tener éxito en la forma en que él quiere que lo hagan.

Así mismo, estás equipado con tu personalidad, tu estilo, tu historia y tus habilidades para un propósito que otros no pueden cumplir. Ten la seguridad de que el mundo no necesita una imitación de otra persona. El mundo necesita que solo seas tú.

Como es natural, esto plantea la pregunta: ¿Cuál es el propósito que solo tú puedes cumplir? Tal vez hayas escuchado que no tienes un propósito. ¡Eso es mentira! Seguro que tienes uno. Puede que sea diferente de lo que piensas, pero que también esté más cerca y más fácil de cumplir que lo que piensas. Te lo mostraré en el próximo capítulo.

## ¡Háblalo!

No necesito ser como los demás. Dios me ha dado una personalidad, un estilo, una historia y unas habilidades para cumplir algo que nadie más puede. Soy un éxito de acuerdo al diseño personalizado, los dones y el plan que Dios tiene para mí.

## Preguntas de reflexión

1. ¿Cuál es la combinación personalizada, que Dios te dio, de personalidad, estilo, historia y habilidades? En tu aplicación de notas o en una hoja de papel, escribe esto en una declaración que comience con las palabras "Dios me hizo".

2. Reflexionando sobre la declaración que acabas de escribir, ¿qué podría permitirte hacer que alguien que tiene una combinación diferente no pueda?

3. De acuerdo con tu afirmación, redefine éxito de una manera que no se base en la popularidad o el beneficio. ¿Has hecho algún progreso con ello? Si no, ¿qué es lo que te detiene?

4. Sabiendo que todos somos un Cuerpo creado con partes únicas que están diseñadas para trabajar juntas, ¿cómo podrían tus dones ayudar a alguien más? ¿Cómo podrían ayudarte los dones de otra persona?

5. ¿Cuál es un paso que puedes dar para desarrollar satisfacción en la vida que tienes hoy?

# 12

# "No tienes propósito alguno".

Toda la vida se entiende por dos cualidades estrechamente conectadas pero diferentes: identidad y propósito. Todo se ve no solo por "¿Qué es?" o "¿De qué está hecho?" sino también por "¿Para qué está hecho?". Considera cómo vemos las maravillas de la creación. Las estrellas no solo son bolas de gas en llamas, también son las luces nocturnas que alumbran el cielo. Su composición nos ayuda a entender por qué existen. Es lo mismo con los árboles y las plantas. No solo se les considera como masas de carbono y agua, sino también como proveedores de oxígeno, belleza y sombra.

Ver el propósito de algo como una extensión de su identidad es el diseño de Dios. La Biblia refleja esto en un versículo que hemos estado explorando a lo largo de los dos capítulos anteriores: "Porque somos hechura de Dios, creados en Cristo Jesús para buenas obras, las cuales Dios dispuso de antemano a fin de que las pongamos en práctica" (Efesios 2:10).

Hasta ahora, solo nos hemos centrado en la primera parte de este versículo que habla de identidad: tú eres la obra maestra de Dios. En este punto del libro, espero que se haya establecido que estás hecho de manera intrincada e incomparable a la imagen de Dios, considerado digno de ser un miembro eterno de su familia en Cristo. Esa es la fuente de tu significado, no podría ser mayor.

Es la segunda parte del versículo a la que nos dirigimos ahora. Describe que lo que eres revela lo que haces. Como obra maestra de Dios, fuiste creado para "hacer las cosas buenas que él planeó". En pocas palabras, Dios te creó adrede para un propósito.

¿Conoces ese propósito? ¿Puedes decir la razón por la que existes? Si no, estás lejos de ser el único. Lamentablemente, la mayoría de las personas no pueden definir por qué están aquí. No porque no haya una razón, sino porque la mayoría permanece en la interminable búsqueda de un propósito. El enemigo los ha convencido de que no importa lo que hagan, no valen la pena. ¿Alguna vez has pensado lo mismo? ¿Has creído que lo que tienes no da para hacer una diferencia lo suficientemente grande?

Esa idea diabólica es impulsada por nuestra cultura saturada de medios y obsesionada con las celebridades. Estamos inundados con las historias de aquellos que rompen récords, inventan tecnologías, encuentran curas, alimentan a países pequeños, escriben *best sellers* o cantan y hablan a multitudes. Son personas que creemos que han logrado su propósito porque sus nombres o aportes son bien conocidos. Sin duda, sus vidas son inspiradoras. Pero son la excepción, no la regla. La mayoría de nosotros nunca seremos el número uno en nuestra categoría ni influiremos en multitudes. La realidad es que, si estás esperando algo que cambie el mundo, probablemente seguirás esperando siempre.

Hace años, habría discutido con lo que acabo de decir y lo habría tomado como una maldición sobre mi potencial. Cuando creces como lo hice yo, creyéndote un rechazado, buscas cosas que te hagan destacar. Anhelas algo que hacer que pueda convertirte en alguien importante o especial. Cuando confundía mi hacer con el significado de mi ser, solo perseguía lo épico. El propósito era mi identidad. Pero como hemos visto, eso es al revés. Lo que haces no determina lo que eres; fluye de lo que eres. Tal como Dios lo planeó.

## Los ingredientes del propósito

Como cristianos, Jesús nos llama colectivamente a ir por todo el mundo, pero nunca encargó a ninguno que salváramos individualmente a todo el mundo. Sin embargo, así es como muchos nos acercamos al propósito. Buscamos salvar el mundo, pero luego nos frustramos y nos desesperamos cuando faltan las habilidades y las oportunidades para hacerlo. En la búsqueda del propósito, la pregunta no debería ser: "¿Cómo puedo salvar al mundo?" sino "¿Qué tengo que aportar en el lugar dónde estoy en el mundo?".

Hace poco leí lo siguiente: "Los faros no van corriendo por toda una isla en busca de barcos para salvarlos; simplemente se quedan ahí brillando".[1] Me encanta eso. Tú, amigo mío, eres producto de la artesanía de Dios, hecho para una buena obra. Tu propósito no es algo que tengas que esforzarte por encontrar o trabajar para poseerlo. Tu propósito es irradiar algo de Jesús en base a tu diseño único y que satisfaga una necesidad justo donde te encuentres. Como obra maestra de Dios, ya tienes todos los ingredientes necesarios para un propósito profundamente significativo. Déjame explicarlo.

### Primer ingrediente del propósito: ¿Qué hay en ti?

Hasta finales de mis veinte, trabajé en tecnología. Contaré esta historia más adelante. Pero como saben, la tecnología evoluciona a un ritmo vertiginoso. Gran parte de lo que satisfizo nuestras necesidades hace uno o dos años, hoy es obsoleto. Es por eso que la escalabilidad *(capacidad de cambiar en tamaño o escala)* es más importante que nunca en la industria tecnológica. Lo que esto significa es que para que los productos sigan siendo viables más allá del corto plazo, los diseñadores de *hardware* y *software* no pueden considerar solamente las necesidades actuales. También deben construir sus productos para satisfacer las necesidades futuras.

El fabricante de automóviles eléctricos *Tesla* es un maestro en esto. Poco después de lanzar su Modelo 3, los clientes notaron una cámara interna apuntando a la cabina. Las cámaras dentro y fuera del Tesla no son inusuales. Muchas están ahí como sensores o para registrar accidentes o vandalismo. Pero esa cámara específica de la cabina permaneció inactiva, lo que generó teorías de conspiración bárbaras en internet. Al fin, el presidente de Tesla, Elon Musk, tuvo que aclarar que la cámara no era un dispositivo encubierto de espionaje. Se incluyó para el día en que el Tesla pudiera usarse como un robotaxi no tripulado. La idea era que la cámara vigilara la cabina para ayudar a proteger al automóvil cuando no hubiera un conductor humano. Esos autos ya pueden conducirse solos, por lo que eso no es tan descabellado. Cuando el mundo esté listo para los robotaxis, Tesla ya estará equipado para el trabajo.

Tal vez sea por mi experiencia que me relaciono con Dios como un diseñador inteligente. Estoy fascinado por cómo Dios nos preparó, no solo para hoy sino también para lo que está por venir. El pasaje de las Escrituras que hemos estado explorando revela que Dios estableció sus buenos planes para ti mucho antes de que nacieras. En tu concepción, te equipó para cumplir esos planes. Como el Tesla, fuiste creado pensando en el futuro. Algunas de tus características siempre han sido evidentes y activas en tu vida, mientras que otras se harán evidentes a medida que se necesiten.

Consideremos las que son evidentes. ¿Cuáles son los talentos y habilidades que has poseído desde que tienes memoria? ¿Cuáles son las habilidades naturales que son relativamente fáciles de aprender y ejecutar, ya sea que las hayas dominado o no?

Para ayudarte a pensar, las habilidades casi siempre encajan en una de tres categorías: arte, trabajo o intelecto. Las habilidades artísticas incluyen hacer música, pintar, actuar y ciertos géneros de escritura. Las destrezas laborales son aquellas que se realizan a mano, como la construcción, el deporte, la agricultura, la peluquería, el cuidado, el saludo o la cocina. Las habilidades intelectuales, como la ingeniería, la programación, la enseñanza y la elaboración de estrategias, son las que se realizan principalmente en la mente.

Cada habilidad representa un aspecto de la imagen de Dios. Las reparte él en preparación para un propósito. Considera a los hombres que Dios seleccionó para construir el tabernáculo de Israel en el Monte Sinaí. Él declaró que cada uno estaba dotado de una habilidad especial. Unos tenían sabiduría, otros eran artesanos y aun otros tenían buen ojo para la belleza (ver Éxodo 31:3-6). Unos pocos disfrutaban de varios dones, pero la mayoría solo tenía uno o dos talentos naturales para ayudar a cumplir el plan de Dios.

Tus talentos y habilidades naturales también tienen un propósito, incluso si no tienes una palabra específica de Dios con respecto a qué hacer o cómo usarlos. Aunque eso podría llegar con el tiempo, no necesitas una gran visión para encontrar significado en lo que tienes. Te reto a identificar una habilidad que, de alguna manera, no cumpla con algo que el mundo necesita en este momento, ya sea para su supervivencia o su progreso. Las artes, por ejemplo, ofrecen un disfrute muy necesario, pero también son algunas de las herramientas más eficaces para promover el cambio cultural. Nada despierta más emociones y mueve al cambio que una canción, una película, un libro o un sermón. ¿Qué podría ser más importante para la supervivencia del mundo que las habilidades laborales de aquellos que cultivan y cosechan alimentos, construyen casas, cuidan niños o atienden nuestras necesidades físicas? Finalmente, estoy seguro de que todos estamos agradecidos por aquellos que usan sus mentes en formas que traen comprensión, organización, orden, crecimiento y sanación a nuestras vidas.

Lo que quiero puntualizar es que ninguna habilidad es casual o insignificante. Todo lo que tienes es dado por Dios para apoyar sus planes para este momento de la historia. No minimices esas habilidades como algo sin sentido o como algo que se convierte en un medio de vida. Acepta y perfecciona tus talentos como parte de tu propósito, pero solo una parte. Porque como cristiano, hay más en ti que tu habilidad. Eso nos lleva al siguiente ingrediente del propósito.

### Segundo ingrediente del propósito: ¿Qué te impulsa?

En el 445 a. C., un judío llamado Nehemías era copero del rey de Persia cuando recibió un informe preocupante sobre sus compatriotas en Jerusalén (ver Nehemías 1:2-3). El mayor problema, escuchó, era que el muro de su ciudad no había sido reconstruido después de haber sido demolido por los invasores más de 140 años antes. Eso dejó a Jerusalén susceptible a otro ataque devastador. Muy apenado por ello, Nehemías buscó la ayuda del Señor. Fue entonces cuando, como lo describió, Dios puso planes en su corazón para Jerusalén. Inmediatamente partió para reconstruir el muro él mismo (ver Nehemías 2:12).

Al recordar la definición bíblica del corazón como la sustancia del ser interior de uno, Nehemías describe que Dios plantó algo en lo profundo de él, algo que se convirtió en parte de él, que lo impulsó a actuar. Hoy, llamamos a eso pasión. No debe confundirse con una habilidad, la pasión no es solo lo que se te da bien o lo que haces para ganarte la vida. La pasión es ese algo inquebrantable por lo que vives. A menudo, es algo por lo que estás dispuesto a sacrificarte.

El actor que tiene dos trabajos para poder actuar en un escenario de noche lo hace por pasión. El médico que sobrellevó doce años de escuela mientras acumulaba una deuda de un par de cientos de miles de dólares lo hizo por pasión. Es la pasión lo que impulsa a los padres que se quedan en casa a cuidar a sus hijos en lugar de escalar posiciones empresariales. La pasión es ese empujón en ti que actúa para saciar algún impulso interno, no necesariamente por un cheque de pago o cualquier otro resultado.

Según las Escrituras, así como Dios suple nuestras habilidades, también nos otorga nuestras pasiones. Como hizo con Nehemías, Dios da pasiones de forma individual para obras específicas. Noé tenía la urgencia de construir el arca. Moisés recibió el impulso para sacar a Israel de su opresión. Zorobabel sintió el encargo de reconstruir el templo de Israel. Incuestionablemente, Dios todavía pone pasiones en las personas para lograr propósitos determinados. Pero como cristianos, debido a que el Espíritu de Dios ahora vive en nosotros, no tenemos que rogarle que nos dé una pasión.

El corazón de Dios late con amor por su pueblo. Es su deseo inflexible que cada persona abrace una relación con él (ver 1 Timoteo 2:4). Los dones espirituales que él pone dentro de nosotros son pasiones para servir a sus hijos, no simplemente para nuestra satisfacción (aunque eso es un derivado). Como animó Pedro, "Cada uno ponga al servicio de los demás el don que haya recibido, administrando fielmente la gracia de Dios en sus diversas formas" (1 Pedro 4:10).

¿Qué es lo que te impulsa? ¿Cuál es ese impulso único y energizante que Dios puso en ti que impacta a alguien más allá de ti? Si tienes dificultad para nombrar algo, piensa en los dones espirituales que tratamos en el capítulo anterior. ¿Estás obligado a defender la verdad o a desafiar el *status quo*? Eso es profecía. ¿Revives con oportunidades para revelar nuevos conocimientos o inculcar principios antiguos? Eso es enseñar. Tal vez te encanta ver personas inspiradas para desarrollar su potencial. Eso es alentador. Tal vez te guste financiar misiones o proyectos basados en la fe o apoyar a personas necesitadas. Eso es dar. Si estás energizado por proyectar una visión, ser pionero en nuevos caminos o desarrollar un equipo, eso es liderazgo. Y finalmente, si poner una sonrisa en la cara de alguien ilumina la tuya, eso es amabilidad.

Aunque hay ciertas categorías de pasiones que Dios otorga, no hay dos dentro de una categoría que se vean iguales.

Si tú y yo poseemos el don de enseñar, por ejemplo, lo que me impulsa a enseñar y lo que te impulsa a ti, junto con la forma en que lo hacemos, es único. Descubrir esa singularidad es la parte más satisfactoria.

## Perfecciona tu pasión

No es raro que alguien insista, con un poco de desesperación en su voz: "¡Pero no sé lo que me apasiona!". A menudo, las personas describen algo tan vago que no tienen idea de cómo ni por dónde empezar. Si ese eres tú, te ofrezco dos preguntas que debes hacerte y algunos pasos que puedes dar.

La primera pregunta es, ¿Cuál es la necesidad más profunda que Dios ha satisfecho en tu vida? En otras palabras, ¿qué obstáculo o debilidad te ayudó Dios a superar o sigue ayudándote a enfrentar? La segunda pregunta es: ¿Cuál es la necesidad más profunda que ves en el mundo? Lo más probable es que tu respuesta a esta pregunta suene como la primera. Lo más probable es que la necesidad que ves en el mundo sea la que Dios satisfizo en ti. Cuando unes tu historia con esa necesidad, tienes tanto una pasión como una persona.

Estas dos preguntas me ayudaron a reducir mi pasión a algo específico. Me encanta ayudar a las personas a confrontar la vergüenza de sus luchas con la verdad de su identidad en Cristo. Es lo que Dios hizo en mí; por lo tanto, es lo que veo que más se necesita en el mundo. Aun así, no llegué al proceso de cómo respondería a esa necesidad de la noche a la mañana. Tampoco provino de una sola voz o de una visión del cielo. La forma en que llegué a mis métodos puede no lucir muy espiritual, pero descubrí que es la manera más frecuente en que Dios descubre pasiones o propósitos completos en las personas: probé cosas.

La mayoría de nosotros creemos que el propósito es algo que se revela divinamente, como una descarga del cielo. Creemos que vendrá acompañado de un mapa para cumplirlo. En verdad, el propósito generalmente no se revela, pero se descubre a medida que das un paso pequeño tras otro en la dirección de tus pasiones. Al mismo tiempo, confías en que Dios dirige esos pasos (ver Salmos 37:23).

Ni siquiera el apóstol Pablo recibió todos los detalles de su propósito en un solo momento. En su conversión en el camino a Damasco, se alejó solo sabiendo el siguiente paso. Todo lo que recibió de Jesús fue: "Levántate y entra en la ciudad, que allí se te dirá lo que tienes que hacer" (Hechos 9:6). Cuando Pablo dio ese paso, lo siguió el siguiente. Luego el otro. Y después el siguiente. A veces, Pablo cometía errores, pero como se mantenía en comunicación con Dios, siempre volvía al camino correcto.

Como dije, perfeccioné mi pasión de la misma manera. Mi viaje de fe comenzó a los dieciséis años. Ese fue el primer paso. Me matriculé en un colegio cristiano. Ese fue otro paso. Busqué empleo en algunos ministerios. Esos fueron más pasos. Entre esos pasos había unos más pequeños, pero igualmente clarificadores. Una vez asistí a un campamento intensivo de fin de semana para aprender a predicar en las calles. ¡Ese paso me enseñó lo que no disfruté! También lo hizo mi período de varios meses enseñando en la escuela dominical de niños. Pero el paso que di para escribir mi primer blog reveló algo que me llenó de energía, al igual que la primera vez que hablé en una iglesia y grabé un mensaje.

¿Qué te da energía en este momento? Haz eso. Tal vez sea tan simple como leerle un libro a tu hijo. Tal vez sea organizar un grupo pequeño para tu iglesia, unirte a una clase de ejercicios en tu gimnasio o compartir alguna gema espiritual en las redes sociales. Da un pequeño paso en la dirección de lo que te da vida, luego haz tu mejor esfuerzo para discernir la voz de Dios sobre lo que sigue. A veces lo oirás claramente. Muchas veces, no lo harás. Eso está bien. No temas tanto dar un paso en falso que no te muevas en absoluto. El camino del propósito es una senda de fe en la cual descubrir lo que no es para ti es parte importante de descubrir lo que es.

## ▌ Une tus habilidades y pasiones para un propósito

He sido fanático de la tecnología desde que tengo memoria. Algunos de mis primeros recuerdos incluyen diseccionar la primera computadora de nuestra familia y memorizar líneas de comando. Mientras que otros, como mis tres hermanos mayores, se contentaban con usar la computadora para proyectos escolares o para jugar ocasionalmente un videojuego, yo pasaba horas absorbiendo cómo funcionaba. Eso fue durante mis años de primaria. En la secundaria, el internet ya era algo generalizado. Solo me tomó unos meses convencer a mis padres para que se suscribieran en casa y aprendí a codificar páginas web. Construí una para mi cantante favorito. Y otra para mi estación de radio favorita. Nada de eso le hizo ningún favor a mi estatus social en la escuela. Pero cuando tenía dieciséis años, mis habilidades me ayudaron a conseguir un trabajo como programador de páginas web para una gran organización religiosa en la que me especialicé en todos los proyectos nuevos. Al crecer, pensé que mis talentos tecnológicos eran la razón de mi existencia. Creí que estaba destinado a programar computadoras.

Como es obvio, te escribo no como programador sino como ministro. ¿Qué sucedió? En resumen, cuando experimenté profundamente a Jesús en la escuela secundaria, también aprecié nuevos intereses y deseos que parecían tan innatos como mi conocimiento de computadoras. Especialmente sentí un fervor porque la gente conociera las verdades de Dios.

En términos educativos, el camino que seguí, el que me dirigía a mis habilidades o el que daba forma a mi pasión, lo hicieron mis padres. En aquellos días, todavía no estaban de acuerdo con mi fe, por lo que cualquier noción de un título ministerial estaba muerta al llegar. Sin embargo, no hice mucho alboroto. Felizmente perseguí las habilidades que Dios me dio a través de una licenciatura en un programa relacionado con la informática, mientras que al mismo tiempo perseguía intensamente mi pasión.

Puedes hacer lo mismo. No tienes que abandonar por completo aquello en lo que eres bueno para seguir lo que amas. Y si bien es genial si tanto tus habilidades como tus pasiones coinciden, para la mayoría de las personas no lo serán. Eso también es genial. Encontrarás, con el tiempo que Dios, que de alguna manera usará tus habilidades para servir a tus pasiones (y tus pasiones para enriquecer tus habilidades). Eso es lo que hizo con los discípulos de Jesús. Sabemos que al menos cuatro de los doce se ganaban la vida como pescadores. Aunque Andrés, Pedro, Santiago y Juan inicialmente dejaron sus redes para seguir a Jesús, no abandonaron del todo lo que habían hecho. Siguieron disfrutando de la pesca. Pero lo más importante, las habilidades de su oficio ayudaron a su pasión por el evangelio. Los pescadores se convirtieron en pescadores de hombres. Los principios que aprendieron al lanzar sus redes para pescar fueron útiles para arrojar las redes para una cosecha de personas.

Ya exploramos el modo en que la personalidad del apóstol Pablo se adaptaba a él para lograr la tenacidad que necesitaba para difundir la fe. La historia de su conversión radical de fariseo convertido en cristiano le dio un nivel de influencia que otros no tenían. También relacionó el poder obrador de milagros de Jesús con las personas que exigieron pruebas de la validez de la fe. Pero a lo largo de su ministerio, Pablo mantuvo una habilidad. Construía tiendas (ver Hechos 18:3). Su ocupación no solo apoyó su pasión por el evangelismo, sino que también proporcionó un punto de contacto con las personas que necesitaban su mensaje. La vida de Pablo es un ejemplo apropiado de cómo las habilidades pueden proporcionar financieramente una pasión muy diferente. También demuestra cómo usa Dios cada aspecto de nuestros dones en nuestro propósito único.

Esto me lleva de vuelta a mi historia. Después de graduarme con mi título en computación y trabajar en funciones técnicas, me frustraba que mi carrera tuviera más que ver con mis habilidades que con mis pasiones. Incluso después de obtener una maestría en estudios bíblicos, me llamaban más para obtener consejos sobre computadoras que recomendaciones espirituales. Eso me molestaba intensamente, sobre todo porque creía que minimizaba mi importancia. Quería desesperadamente ser conocido por algo más que crear páginas web.

Lo que el orgullo me impidió ver en ese momento fue que mi propósito no dependía de una u otra cosa. Tanto mis habilidades como mis pasiones me prepararon para la singularidad de este ministerio, que apropiadamente comenzó con una aplicación móvil y evangelística por internet.

Me maravilla la manera en que Dios orquestó el camino para prepararme y proveer para lo que hago hoy. Mis habilidades, que se prepararon desde la infancia, me dieron el conocimiento de cómo usar la tecnología como un medio eficaz para llegar a las personas. La experiencia que obtuve a través de mis trabajos me permitió conectarme con personas que me ayudaron a hacer realidad mis ideas. Y durante muchos años, esos trabajos también proporcionaron las finanzas para respaldar las ideas. Sin duda, el lanzamiento de este ministerio no fue financiado por grandes donantes o miembros de la familia. Antes de que casi nadie supiera mi nombre, Dios proporcionó todo el capital inicial a través de las habilidades con las que me dotó. Finalmente, fue mi pasión por la verdad lo que dio un nuevo significado a mis habilidades. No creo que sea una coincidencia que hoy este ministerio sea en gran medida de medios comunicacionales, en el que gran parte de su impacto ocurre a través de una pantalla. Estoy seguro de que esto es obra de Dios, por lo que él me honró en consecuencia.

Por favor, comprende que el propósito no tiene que ser sobre lo que haces como una profesión de tiempo completo. Pero las habilidades que te hacen bueno en lo que haces pueden servir poderosamente a la pasión que hay en ti. Para algunos, como los discípulos, esas habilidades pueden brindarles experiencia y habilidades que ayuden a su pasión.

Para otros, como el apóstol Pablo, pueden brindar los fondos y las oportunidades para realizar su pasión. A menudo es un poco de ambas cosas. Cualquiera que sea el caso, anímate ya que tú importas. Lo que eres y lo que tienes es parte de un propósito significativo que se ajusta a una necesidad ahí donde estás. No creas ni por un segundo que no te elevas a algún nivel de ser suficiente. Como alguien creado de nuevo en Cristo, superas todos los requisitos para ser valioso. Haz que cada paso que des sea de dignidad y de confianza. No un paso *hacia* el propósito, sino un paso *con* propósito.

Como dije antes, aunque tomes ciertas medidas, a veces darás pasos en falso. Otras veces serán colosales. El enemigo usará esos momentos para insistir: "¡Eres un fracaso!". Su objetivo es convencerte de que te rindas. Afrontemos esto a continuación.

### ¡Háblalo!

*Dios me creó adrede para un propósito.* Él me ha dotado de talentos, habilidades y pasiones que dejan una huella única. Mi propósito no es algo que logre o deba probar, sino que irradie de mí dondequiera que esté.

### Preguntas de reflexión

1. ¿Cuál ha sido el mayor obstáculo para conocer tu propósito? ¿Qué mentiras crearon ese obstáculo?
2. ¿Cuáles son los talentos, habilidades y destrezas naturales que has poseído desde la niñez? ¿Cómo los has desarrollado?

3. ¿Cuáles son los intereses y deseos que te animan y te impulsan? ¿Cómo han cambiado o se han añadido estos desde que te convertiste en cristiano?
4. Si pudieras hacer cualquier cosa por el resto de tu vida, ¿qué harías? ¿Cómo podrían tus habilidades servir a esa pasión?
5. A partir de este capítulo, ¿cómo ha cambiado tu concepto de propósito? ¿Cómo afectará tu vida cotidiana?

# 13

# "Eres un fracaso".

En una carta fechada del 13 de noviembre de 1789, Benjamín Franklin compuso estas ahora famosas palabras: "En este mundo, nada es seguro excepto la muerte y los impuestos".[1] Su pensamiento se ha convertido en un proverbio moderno que no nos gusta y del que no podemos escapar, incluso después de todos estos años.

Mucho antes de que Franklin agregara la percepción de sus certezas acerca de la vida, el apóstol Pablo expresó la suya: "por cuanto todos pecaron, y están destituidos de la gloria de Dios" (Romanos 3:23 RVR60). Al igual que la muerte y los impuestos, no cumplir con la norma de Dios es una realidad que detestamos escuchar y de la que no podemos escapar. Eso significa que nadie puede vivir perfectamente. Después de todo, para eso vino Jesús. Hay que entender que debemos estar "alerta y orar para no caer en tentación. El espíritu está dispuesto, pero el cuerpo es débil" (ver Mateo 26:41). Mientras estemos encarnados en esta humanidad y vivamos en un mundo quebrantado, fracasaremos. Somos un proyecto en progreso, el cual se mide —a menudo— con dos pasos hacia adelante, pero uno hacia atrás.

Sé que duele escuchar lo inevitable del fracaso, pero no debería ser así. Para el cristiano, el fracaso ya no es problema. Recuerda que el poder del pecado ya fue vencido por Cristo; no puede separarte de Dios (ver Romanos 8:38). El diablo lo sabe. Es por eso que el fracaso en sí mismo no es su objetivo final para ti. No, él quiere que te defina.

¿Has escuchado una de las siguientes líneas antes?

"No pasaste la prueba. Eres un fracaso".

"Perdiste tu trabajo. Eres un fracaso".

"Tu cónyuge te engañó. Eres un fracaso".

"Tus hijos se metieron en problemas. Eres un fracaso".

"Tu negocio no está generando ganancias. Eres un fracaso".

"Volviste a caer en el mismo vicio antiguo. Eres un fracaso".

Una vez que el enemigo hace que te tragues la creencia de que un desastre significa que estás arruinado, las cosas se precipitan rápidamente. Los pensamientos negativos te dejan revolcándote y ahogándote en tu propia culpa y tu vergüenza, lo que influye en comportamientos mucho más tóxicos. El temor de que lo que sucedió en ese entonces vuelva a ocurrir te paraliza y marca tu rutina. La derrota nunca se encuentra en el fracaso mismo, pero a menudo es un subproducto del mismo.

¿Crees que algo del pasado o del presente te convierte en un fracaso? Si no es así, la realidad de la imperfección humana hará que probablemente te enfrentes a ella muy pronto. Para evitar caer por la resbaladiza pendiente de la derrota del diablo, recuerda que el fracaso es un suceso, no es una persona. Es un incidente, pero no es una identidad. Eso significa que el fracaso no dice absolutamente nada sobre quién eres o hacia dónde vas.

Esta no es solo mi opinión. Es un secuencia que corre a través de la Biblia. Selecciona cualquier página de las Escrituras y probablemente encontrarás a alguien que ha luchado contra algún tipo de deficiencia. Sin embargo, también notarás que esos luchadores nunca pecaron mucho más que lo inmenso del amor de Dios. Ningún error de nadie hace que Dios cambie de parecer acerca de lo que la persona es.

Veremos algunos ejemplos a lo largo de este capítulo, pero hay uno cuya vida es particularmente instructiva con respecto a los fracasos del pasado, del presente y del futuro. Se trata de Jacob, cuyo nombre fue cambiado a Israel. Su vida incluye los dos tipos de fracaso que todos experimentamos en algún nivel. La situación de su nacimiento refleja el tipo de fracaso que está influenciado por algo no elegido personalmente. La manipulación de su familia representa el tipo de fracaso que es influenciado por el orgullo y los deseos carnales. Su vida también revela la realidad de lo que sucede cuando alguien, en la relación con Dios, sigue fallando. Comencemos con su historia.

## Los muchos fracasos de Jacob

Durante años, el hijo de Abraham, Isaac y la esposa de este, Rebeca, suplicaron a Dios por hijos. Finalmente él respondió a sus oraciones, no con un hijo sino con dos. Tener gemelos no debe ser fácil, pero desde la concepción, estos dos lo hicieron aún más difícil: estaban en guerra entre sí: "Dos naciones hay en tu seno; dos pueblos se dividen desde tus entrañas. Uno será más fuerte que el otro, y el mayor servirá al menor" (Génesis 25:23).

Los muchachos llegaron, como Dios lo prometió. Al primero lo llamaron Esaú. Al segundo, Jacob. En aquellos días, la cultura dictaba que el primogénito varón tenía derecho a la herencia de su padre y a una doble porción de cualquier herencia que se legara.[2] Ese derecho de primogenitura, como se le llamaba, pertenecía a Esaú. Pero como su padre era rico, Jacob lo quería desesperadamente.

Y Jacob lo consiguió. Con un poco de manipulación, aprovechó un momento en que Esaú estaba hambriento y dispuesto a hacer cualquier cosa a cambio de una comida. Ese fue el primer fracaso de Jacob. Aun así, tenía un obstáculo más que superar antes de poder reclamar oficialmente la herencia familiar. En aquel entonces, tenían una especie de mecanismo de seguridad para situaciones como esa. La transferencia de un derecho de nacimiento requería la confirmación del padre a través de un decreto verbal llamado bendición.[3]

Es inherente a la naturaleza humana que cuando te sales con la tuya una vez, sigues intentándolo. Y Jacob probó que era tan humano como cualquiera. Años más tarde, para sellar el trato, Jacob aprovechó la falta de visión de su padre al vestirse de manera que se pareciera a Esaú. Fallo número dos. Aunque ese truco también funcionó, tuvo consecuencias negativas. Al escuchar la noticia, Esaú —obviamente— se enfureció. Estaba tan enojado que planeó matar a su hermano. Pero cuando pudo actuar con su ira, Jacob ya se había ido. Fracaso número tres.

## La influencia de las definiciones

Jacob realmente hizo muchas cosas erróneas. Aun cuando no hay excusas para sus decisiones, hay algunas influencias. Primero, su nombre significaba "el que engaña". En segundo lugar, el orden de su nacimiento dictaba lo que podía y no podía tener. No sorprende, entonces, que los tres fracasos que contamos hasta ahora en la vida de Jacob se relacionaran con la forma en que lo etiquetaron.

Jacob no escogió su nombre ni el orden de su nacimiento, por supuesto. Comenzar la vida siendo definida por algo que no es tu culpa parece injusto, pero así es la vida en nuestro mundo caído. Hasta cierto punto, todos comenzamos con algo que no hubiéramos elegido para nosotros mismos. Si analizas las decisiones que has hecho, probablemente reconocerás que las más importantes fueron una reacción a cómo esas cualidades o experiencias te definieron. Se tomaron algunas decisiones para escapar al dolor. Otras se tomaron para demostrar la valí. Aun otras fueron para compensar la debilidad percibida. El modo en que nos definimos a nosotros mismos afecta lo que hacemos. Las primeras tres décadas de mi vida se caracterizaron en gran medida por eso. A estas alturas, ya habrás escuchado muchas de mis historias. Pero hay una de séptimo grado que sirve específicamente como un microcosmos en cuanto a la forma en que las definiciones conducen a la derrota. Todo se remonta a mi naturaleza tímida e insegura en mi niñez. Me estancó no solo social y atléticamente sino también en lo académico. Por eso, al menos hasta la primaria, la mayoría de mis calificaciones eran mediocres. Sobre todo, en matemáticas.

Aunque había luchado con bastante etiquetas de muchas otras cosas, mi falta de habilidad en matemáticas nunca fue una de ellas. Eso cambió en séptimo grado cuando la administración tomó una decisión tonta. En lugar de dividir nuestra clase de cincuenta en dos grupos aleatorios como lo habían hecho antes, decidieron separarnos basándose únicamente en la capacidad para las matemáticas. Eso significó que, durante todo el año, cada materia se cursaba con los mismos estudiantes del mismo nivel de matemáticas. Oficialmente, los administradores le dieron nombre a las dos clases: "701" y "702". Sin embargo, para todos los demás, era "7-0-1" y "7-0-RETRASADO".

Ese año en la escuela, una deficiencia en determinada área definió todas las demás. Al reflexionar en ello, me doy cuenta de que la etiqueta afectó no solo las clases que cursé, sino también mis pensamientos y comportamientos. Luché mucho ese año, tanto con las otras materias como con las amistades. Justo en los albores de la adolescencia, ser etiquetado como "tonto" fue desmoralizante y debilitante para mi crecimiento. El modo en que me definieron afectó lo que hice.

Las definiciones no solo influyen en lo que hacemos, sino que también defienden lo que no podemos y no debemos hacer. En las Escrituras, el impedimento del habla que padecía Moisés lo estableció como una especie de fracaso. Aun cuando no lo sabemos con certeza, probablemente se enfrentó al ridículo por eso. Sin duda, esa debilidad innata lo marcó en su propia mente. Es por eso que, como ya hemos explorado en capítulos anteriores, cuando Dios lo llamó para sacar a su pueblo de Egipto, Moisés insistió en que fracasaría: "Oh Señor, no tengo facilidad de palabra ... Se me traba la lengua y se me enredan las palabras" (Éxodo 4:10, NTV).

Ni lo que te sucedió, ni lo que alguien dijo sobre ti, ni lo que experimentaste debido a tus propias decisiones, ninguna de esas cosas necesita definirte ni dictar tu futuro. Tienes una definición mayor que te dio tu Creador, el único que tiene autoridad real para definirte. A lo largo de la Biblia, desde los reyes hasta la gente común, encontrarás que una palabra de Dios siempre es la respuesta al fracaso. Eso fue lo que cambió a Moisés y lo llenó de una nueva confianza. Dios interrumpió su monólogo: "Estoy condenado al fracaso porque..." con una de esas preguntas retóricas que se sabe utilizar para acallar una queja: "Entonces el SEÑOR le preguntó: ¿Quién forma la boca de una persona? ¿Quién decide que una persona hable o no hable, que oiga o no oiga, que vea o no vea? ¿Acaso no soy yo, el SEÑOR?" (v. 11, NTV). No necesitaba decir mucho más. Esta sola pregunta le dijo a Moisés: "Yo soy el que te diseñó y te definió, y tendrás éxito como lo he determinado". Y él hizo. Con la seguridad y la ayuda de Dios, Moisés cumplió con su llamado y desafió todas sus etiquetas y límites.

En mi caso, la Palabra de Dios también me cambió. No solo para superar la etiqueta de "tonto" que me pusieron en séptimo grado, sino para vencer todas las que otros me habían puesto —y yo mismo— a lo largo de los años. Cuando descubrí las verdades de Dios a los dieciséis años, aunque no supe todo al instante acerca de mi nueva identidad en Cristo, supe lo suficiente para entender que mi pasado y mis insuficiencias no tenían por qué detenerme. Determiné que ya no me etiquetarían como tonto. De modo que cuando me gradué de la secundaria (de una escuela diferente con el cuádruple de estudiantes), terminé entre los diez primeros de mi clase. Al igual que con Moisés, las definiciones de Dios influyeron en mi éxito.

Cuando volvamos a la historia de Jacob, veremos lo mismo. Una sola palabra de Dios cambió el curso de su vida. No solo eso, sino también por qué sucedió, como sucedió y qué sucedió después, proporciona información profunda sobre cómo superar futuras fallas. Continuemos.

## El cambio de identidad de Jacob

Como muchos de nosotros hemos experimentado, aquello de lo que huyes te alcanza con el tiempo. Sospecho que hay una razón espiritual para eso. La paz no proviene de ignorar un arrepentimiento pasado o una lucha presente. Ni de ignorar que has hecho daño a alguien o que alguien te lo ha hecho a ti. Viene de confrontar esas cosas.

Eso fue lo que pasó con Jacob. Años más tarde, se enteró de que su hermano lo estaba persiguiendo para matarlo. Luchando por saber qué hacer, Jacob envió a su séquito adelante mientras se quedó atrás para hacerse un examen de conciencia en la noche. Los pensamientos de Jacob no fueron lo único con lo que luchó en esa ocasión. De repente, de la nada, apareció un hombre para pelear. Y no fue solo una lucha de forcejeo. Los dos pelearon hasta que la cadera de Jacob se le desencajó. Por doloroso que haya sido, no retrocedió: "No te dejaré ir si no me bendices" (Génesis 32:26), dijo.

Recuerda que, en aquellos días, una bendición no era simplemente una oración pronunciada por alguien. Era un decreto verbal que confería significado a alguien. Jacob estaba a punto de recibir mucho más de lo que pedía.

A su audaz demanda, el hombre preguntó: "¿Cuál es tu nombre?".

Él respondió: "Jacob". Luego vino la bendición. "Tu nombre ya no será Jacob", le dijo el hombre. "De ahora en adelante serás llamado Israel, porque has peleado con Dios y con los hombres, y has vencido" (ver Génesis 32:27-28).

Hay mucho más aquí de lo que parece. Jacob no conoció a un simple hombre esa noche. Tal vez en su punto más bajo, justo antes de enfrentar las consecuencias de sus fracasos, conoció a Dios. Cuando este le preguntó su nombre, no fue porque no lo supiera. Creo que Dios iba tras sus etiquetas.

"¿Quién dicen los demás que eres?".

"¿Qué te ha dictado tu pasado?".

"¿Cómo te han definido tus fracasos?".

La respuesta de Jacob, por lo tanto, reconoció efectivamente: "Yo soy el que engaña". Ese tuvo que ser un momento tan humillante como para que le desencajaran la cadera. Pero esa humillación lo hizo madurar para lo que vendría a continuación. Al confesar lo viejo, estaba listo para lo nuevo. Ese fue el momento en que Dios cambió su identidad. Y con esa nueva identidad, le dio un nuevo destino que no era dictado por nada más que su Palabra.

## Supera el fracaso

En cada historia que hemos explorado hasta ahora, vemos que la victoria sobre el fracaso siempre vino a través de una palabra de Dios en un encuentro con él. Nada positivo pasa por ignorar los errores. El fracaso siempre debe llevarnos a Jesús.

Nuestra salvación fue un encuentro con Dios mediante el cual entregamos nuestra naturaleza pecaminosa y recibimos la justicia de Cristo. Nuestra nueva definición de justos reemplaza todas las demás. Pero tendemos a olvidar eso, sobre todo después de un fracaso. Por eso Dios nos sigue invitando a volver. Él quiere que nos encontremos con él. Un momento como ese se llama arrepentimiento, que es clave para superar el fracaso.

Sé que la palabra *arrepentimiento* puede venir con un equipaje considerable. Ese equipaje puede venir porque lo hacemos centrados en el rendimiento y dependiente de la fuerza de voluntad personal. Pero antes de que el arrepentimiento toque tu comportamiento, debe tocar tu mente e impregnar tus creencias. Recuerda, es correcto creer lo que te lleva a comportarte correctamente, no al revés.

El arrepentimiento, que en griego es *metanoia*, es principalmente un cambio de mentalidad. El día de Pentecostés, cuando Pedro instó al pueblo judío a "arrepentirse y bautizarse cada uno de vosotros en el nombre de Jesucristo para perdón de los pecados" (Hechos 2:38 NVI), fue un llamado a cambiar de opinión acerca de quién era Jesús y pasar de la incredulidad a la certeza. Coherentemente a lo largo del Nuevo Testamento, es esa creencia cambiada lo que resulta en la salvación.

Eso es para el incrédulo. Para los creyentes, el arrepentimiento no se trata de volver a creer en Jesús. Es un hermoso acto de acudir humildemente (sin temor ni vergüenza) ante Dios para rendir esos fracasos y sus definiciones, con el fin de ser renovado en mente y postura a los caminos y verdades de Dios, particularmente a quien él dice que eres.

Si es necesario, tómate un momento para hacer eso ahora mismo. Imagínate que les pones las etiquetas y los límites a tus debilidades, a las palabras de los demás y a tus equivocaciones, decisiones y motivos errados y colocas todo en las manos de Jesús. Dile: "Señor, ya no quiero esto" o "Señor, ya no quiero hacer esto". Imagínatelo, con una mirada de amor en sus ojos, despojándote cariñosamente. Ahora recibe su bendición. Dios te dice: *No te identificas por tus fracasos. Eres definido como justo, amado y aceptado.* Renuévate con la verdad de que, en Cristo, Dios te ve en un estado de perfección, no de imperfección; de celebración, no de condenación; triunfando, no fracasando.

## La perfección no es la meta

Después de su encuentro con Dios, Jacob se conmovió tanto que llamó al lugar donde vivió esa experiencia Peniel, que significa "rostro de Dios" (ver Génesis 32:30). Pero luego siguió adelante, seguro de la Palabra de Dios. Eso es lo que debes hacer tú también. Después de aceptar lo que Dios dice, debes comenzar a caminar en tu nueva identidad. Eso no quiere decir que te esfuerces por ser digno de él, sino más bien que descanses y disfrutes de la certeza de ello. Como ya hemos cubierto, no hay manera de caminar a la perfección para ser digno de su justicia. Fracasarás si lo intentas.

Es común pensar que una experiencia como la que tuvo Jacob con Dios haría a una persona casi infalible, pero no es así. En todos los encuentros transformadores con Dios y que vemos a lo largo de las Escrituras, ni una sola persona vivió perfectamente para siempre. Jacob tampoco lo hizo.

Claro, tenía un nuevo deseo de hacer lo correcto, por lo que fue de inmediato a hacer las paces con su hermano. Ese es el poder del arrepentimiento. Aun así, un poco más tarde, volvió a engañar. Después de prometerle a Esaú que se reuniría con él en su casa de Seir, Jacob continuó hacia otro pueblo. Pero su nuevo fracaso no deshizo su cambio de identidad. No lo convirtió de nuevo en "Jacob, el que engaña". No, a pesar de todos sus fracasos futuros, siguió siendo Israel, el hombre a través del cual Dios estableció una nación que muchos años después produjo a Jesús.

En un mundo donde todo se juzga por el desempeño, puede ser desconcertante entender cómo alguien puede mantener su título o su posición después de haber fallado tantas veces. Pero recuerda, tu identidad en Cristo es más que un título o posición. Es tu naturaleza, el núcleo de lo que eres. El tema definitorio en las historias de muchos de nuestros héroes bíblicos favoritos es la manera en que las decisiones de Dios —en cuanto a ellos— resistieron sus fracasos más flagrantes y repetidos. Hay tantos más allá de Jacob que podríamos contarlos. El rey David, por ejemplo, incluso después de caer en adulterio, siguió siendo conocido por Dios como un "varón conforme a mi corazón" (1 Samuel 13:14; Hechos 13:22).

En el Nuevo Testamento, quizás el ejemplo más obvio sea el del apóstol Pedro. Nacido como Simón, su nombre fue cambiado a Pedro durante un encuentro con Jesús (ver Juan 1:42). Insisto, eso no fue solo un cambio de nombre sino también un cambio de identidad. Pedro significa "roca". Pero no cualquier roca antigua. Jesús le agregó un propósito: "Yo te digo que tú eres Pedro, y sobre esta piedra edificaré mi iglesia, y las puertas del reino de la muerte no prevalecerán contra ella" (Mateo 16:18).

Por muy real que eso fuera, Pedro no siempre fue como una roca. Es más, en tres ocasiones después del arresto de Jesús, notoriamente, negó conocerlo. Sin embargo, a pesar de todo, las palabras de Jesús perduraron. Pedro se paró valientemente en el día de Pentecostés para predicar un mensaje que guio a tres mil personas a Cristo. Ese fue un gran día para él. Pero siguieron otros días no tan buenos, como cuando Pablo lo reprendió por ser cobarde (ver Gálatas 2:11-13). Como ves, incluso para los más cercanos a Jesús, el éxito va y viene. Sin embargo, sus nuevas identidades se mantienen sólidas como una roca.

Al destacar estas historias, no pretendo gloriarme en el fracaso ni abogar porque lleves una vida descuidada e indisciplinada. Como ya discutimos en el capítulo 6, las fallas, especialmente las de tipo pecaminoso, tienen consecuencias naturales. Como mínimo, pueden exponerte a más batallas. ¿Por qué querrías fallar a propósito?

Aun así, por retrógrado que parezca, es una mentira inventada por el diablo insistir en que es posible vivir perfectamente. Si la perfección es tu meta, solo permanecerás en la montaña rusa de la vergüenza y te afligirás cada vez que tropieces. Más bien, establece tu meta de vivir gozosamente en la verdad y el poder de lo que eres en Cristo. Cuando te equivoques, repite el proceso de arrepentimiento. No para que tengas la oportunidad de ser restaurado a la justicia, sino para que tu mente sea renovada a la justicia que ya tienes en Cristo.

## ▌ El valor de un error

El fracaso nunca es la respuesta final cuando se entrega a Dios. Cualquier cosa puesta en sus manos puede ser reutilizada en algo de valor incalculable. Tenemos la notable promesa de que "Ahora bien, sabemos que Dios dispone todas las cosas para el bien de quienes lo aman, los que han sido llamados de acuerdo con su propósito" (Romanos 8:28). Los fracasos son particularmente capaces de eso. Un proyecto de mejora del hogar, de todas las cosas, me enseñó cómo hacerlo.

Fue solo dos años después de mudarme a mi primera casa que decidí que ya no podía soportar el piso de vinilo en las entradas, la cocina y los baños. Quería arrancarlo todo y reemplazarlo con baldosas. Pero tenía dos problemas. Primero, era demasiado tacaño para contratar a un profesional que hiciera el trabajo. En segundo lugar, como divulgué en algunos capítulos anteriores, no soy muy diestro con las manos. Esa combinación no es muy buena. Así que, cuando un amigo mucho más experimentado se ofreció a ayudarme, aproveché la oportunidad para comenzar.

Empezamos agudizando nuestras habilidades en una pequeña entrada. Lo que no tuvimos en cuenta fue que los cimientos de las casas estaban notoriamente desnivelados y cortar baldosas para colocar alrededor de los marcos de las puertas es un arte que no se desarrolla de la noche a la mañana. Basta decir que lo que debió haber tomado una noche de trabajo se llevó cinco días, ¡y estuvo acompañado de dolores de espalda, ampollas y sangre!

Después de un par de semanas de descanso y reflexión, mi amigo y yo volvimos a reunirnos con la misma certeza de que estábamos desesperadamente urgidos por terminar el asunto. Las áreas restantes eran demasiado complicadas para un par de aficionados. No tuve más remedio que tragarme mi orgullo y poner el dinero en efectivo para contratar a un profesional.

Ni siquiera a una hora de trabajar el contratista, me di cuenta de la diferencia que hacen treinta años de experiencia. Tanta diferencia hizo, de hecho, que tomara la difícil decisión de hacer que rompiera y rehiciera todo el trabajo en el que nos habíamos esforzado. Le di vueltas a la idea, mientras me quejaba a Dios de que, con el tiempo y las herramientas ya invertidas, el proyecto me terminaría costando más que si lo hubiera contratado desde el principio. Poco después de mi reproche, sentí que Dios me dio una palabra que me hizo decidir. *Las lecciones aprendidas suelen ser costosas, pero al final valen la pena.*

En efecto, como todos sabemos, los errores, fracasos y giros equivocados que cometemos en la vida son costosos en todo tipo de formas. Algunos cuestan un tiempo precioso. Otros cuestan inocencia, relaciones y, sí, dinero. Indiscutiblemente, los errores por sí solos no valen nada. El valor se encuentra en la redención que sigue cuando llevas el fracaso al trono de la gracia, le pides a Dios que te enseñe algo y haces algo con ello. Es el carácter que se construye, el testimonio que se da y la sanación que ocurre lo que hace que la lección aprendida valga el costo que implicó aprenderla.

En el caso de mi proyecto con el piso, no solo recibí valiosas lecciones para el futuro (¡principalmente, no hacer esas cosas yo mismo!), sino que la historia de mi fracaso también se abrió paso en mis mensajes y en este libro, en el que ahora se encuentra y anima a los demás. Eso es redención. Eso es Dios convirtiendo mi mal en algo para bien.

Tus fallas de cualquier fuente y significado pueden hacer lo mismo. Si las pones en las manos de Dios, él las tomará y las transformará en algo que te sirva a ti y a los demás. Como solo él puede hacerlo, Dios transformará esos obstáculos que te hicieron caer en los peldaños de la fuerza, la sabiduría y el coraje para el mañana. Él reorganizará esos reveses para que sean funcionales a tu fe, tus finanzas, tus relaciones y tu carrera. Él usará las lecciones de lo que atravesaste para que guíen a otras personas a avanzar. Sí, de alguna manera extraordinaria, Dios usará lo que el enemigo quiso usar para vencerte con el fin de que derrotes al enemigo. Decídete a usar tus fallas para derrotarlo.

A medida que nos internamos en el último capítulo, hablemos de tus debilidades, específicamente qué hacer con las que temes que te impidan cumplir con todo lo que Dios tiene para ti.

## ¡Háblalo!

No soy un fracaso. Soy definido por la perfección y el éxito de Jesús; por lo tanto, mi futuro no se basa en mis errores. Viviré gozosa y auténticamente en Cristo, consciente de que Dios está haciendo todas las cosas para mi bien.

## Preguntas de reflexión

1. ¿Cómo se han utilizado los fracasos del pasado para avergonzarte o convencerte de permanecer en tu rutina?
2 ¿Puedes identificar alguna definición que haya influido en tus elecciones negativas? ¿Por qué crees que te hicieron actuar en consecuencia?
3. ¿Hay identidades basadas en el fracaso que necesitas entregar a Dios? Tómate un momento para hacer eso. Entonces, ¿cuáles son algunas verdades sobre tu nueva identidad con las que necesitas renovar tu mente?
4. ¿En qué manera la realidad de que Dios no espera que vivas perfectamente elimina la vergüenza y produce más victoria en ti?
5. ¿Qué lecciones has aprendido de los errores del pasado que te han hecho mejor hoy? ¿Cómo podría Dios continuar usando tus fallas pasadas y presentes para bien?

# 14

# "Estás descalificado".

Si pudiera escuchar una repetición de las oraciones de mi vida, oiría muchos de estos tipos de súplicas. Comenzarían con: "¿Qué puedo hacer, Señor?", seguidas por:

"... si no tengo dinero?".

"... si no tengo energías para continuar?".

"... si no tengo conexiones?".

"... si no tengo habilidad?".

Si hay una inseguridad predominante con la que he luchado en cada etapa de mi vida, es que en algo —a cada paso de mi vida— no esté a la altura de la situación. He temido que alguna debilidad pueda descalificarme.

Hay mucho que podría contar. En la escuela, temía que mi torpe y no calificada habilidad atlética implicara que no era lo suficientemente hombre. Ya has oído cómo mi personalidad introvertida me hizo suponer que no era apto para el ministerio. Pensé que estar soltero a los 35 me mantenía fuera del club de los pastores, al menos de los protestantes. Una vez creí que mi estatura de 1,70 y mi contextura pequeña no eran lo suficientemente imponentes como para un verdadero líder, lo que sea que eso signifique.

Sé que algo de lo que mencioné luce trivial, incluso baladí. Pero eso es lo que pasa con las debilidades. No tienen que ser sensatas ni reales para ser limitantes. Simplemente deben sentirse. Como sabes, el diablo aprovecha cada oportunidad para que interpretes algo en tu vida como una razón por la que no puedes, no debes o no eres capaz de hacer. Las debilidades pueden ser la gran falla de todo ello, la esencia de cada mentira que hemos explorado.

Ellas, por supuesto, no siempre mienten sobre *todo* lo que no debemos hacer. Como sabes, lo mejor es que yo no remodele tu casa, no te pinte un cuadro ni te cante una canción. Quiero decir, podría intentarlo, pero créeme, no querrías que lo haga. Estoy seguro de que también tienes tu propia lista de cosas que no debes ni intentar.

No estoy hablando de áreas en las que aún no estamos dotados o no somos llamados. Me refiero a la capacidad de trabajar en el marco de nuestras habilidades y pasiones, de florecer dentro de nuestros propósitos, de cumplir nuestros sueños y de ser usados por Dios. Ahí es donde nuestras debilidades pueden parecer más descalificantes.

En el futuro, la pregunta que debemos hacernos no es si tenemos debilidades, sino qué hacemos con ellas. Más específicamente, ¿cómo neutralizamos su influencia y les quitamos poder para avergonzarnos? La respuesta es tan única como lo eres tú.

## Qué hacer con tus debilidades

En lo referente a qué hacer con una debilidad, divagaba mucho tiempo entre dos opciones que probablemente ya hayas escuchado: arreglarla o acogerla. Ambas cosas tienen su apoyo en las Escrituras y sus historias de éxito, lo que se suma a la confusión. ¿Te aferras a la esperanza del cambio y haces todo lo que está a tu alcance para promoverlo, o lo dejas quieto y de alguna manera aprendes a vivir con él? Tu respuesta puede ser diferente según el día, a quién escuches o lo qué leas. A mí me pasaba eso.

Podría señalarle muchos versículos de la Biblia que hacen parecer que los problemas de nuestra vida pueden resolverse con suficiente disciplina y fuerza de voluntad. Sin duda, como he dicho acerca de mi vida, luchar con disciplinas espirituales como la meditación de las Escrituras, el ayuno y la oración puede cambiarnos por completo. Las disciplinas en cuanto a estilos de vida como la dieta, el ejercicio y el uso de software de contabilidad de internet también pueden hacerlo.

Sin embargo, el peligro con la solución de arreglar la debilidad es que tiende a minimizar la fe a ser nada más que un programa de autoayuda glorificado que tiende al legalismo, como experimenté en la primera década de mi cristianismo. Dado que nadie puede desempeñarse a la perfección, cuando inevitablemente fallas, toda la culpa y la carga vuelven a ti. Los altibajos solo te mantienen encadenado a la vergüenza y la condenación.

El otro problema es que no importa cuánto lo intentes, no puedes arreglar todo. Si eso todavía no es obvio en tu vida, podemos verlo demostrado en la del seguidor de Cristo que quizás sea el más influyente: el apóstol Pablo.

Si hubiera alguien que yo diría que tenía tanto la fuerza de voluntad como el favor divino para superar dificultades, ese sería Pablo. Criado para ser fariseo, tenía la disciplina para seguir la ley tanto como cualquiera pudiera. Como cristiano, los milagros y la liberación caracterizaron su ministerio. Sin embargo, a pesar de todo su pedigrí y su poder, luchó contra una debilidad que no desaparecía. Un "aguijón en la carne", como lo llamó él (ver 2 Corintios 12:7).

La fuente del aguijón de Pablo mantiene a los predicadores y eruditos en un torbellino de especulaciones. Unos creen que era una dolencia física o una discapacidad. Algunos dicen que eran las duras palabras y acusaciones de sus detractores. Otros sostienen que era un rasgo de su personalidad que le producía el rechazo de los demás. He profundizado investigando y tratando de descubrir cuál era su aguijón. Puedes buscarlo en Google si quieres, pero te ahorraré tiempo: nadie lo sabe realmente. La única pista que dio Pablo es que era un mensajero de Satanás. ¡Eso podría ser cualquier cosa, desde un dolor de cabeza hasta un compañero de trabajo!

Como dije, si alguien pudiera resolver un problema, apostaría mi dinero a Pablo. Y no creo que sea irrazonable suponer que lo intentó. Sabemos que le rogó a Dios tres veces que se lo quitara. Considero que ese es un método de reparación. Me sorprende que solo rogó tres veces. Hasta que llegué al punto que les voy a explicar, hubo batallas por las que le pedí a Dios que me las quitara, por lo menos mil veces. Seguro que puedes identificarte con esta situación.

En el caso de Pablo, todas sus súplicas, ruegos y cualquier otra cosa que intentó no cambió nada. Dios no le quitó el aguijón. Pablo relató: "Cada vez él me dijo: 'Mi gracia es todo lo que necesitas; mi poder actúa mejor en la debilidad'" (v. 9 NTV). Me encanta la seguridad con que Pablo destaca la frase "cada vez". Me imagino el desarrollo de la siguiente escena.

Al principio, Pablo está de rodillas al borde de la cama, con los nudillos blancos a causas de las manos que tiene fuertemente entrelazadas. Él implora: "Señor, es demasiado difícil. Ya no puedo luchar contra esto. ¡Quítalo de mí!".

Luego escucha un simple susurro que dice: *Mi gracia es todo lo que necesitas.*

"No", murmura Pablo para sí mismo en lo que cree que es una indignación justa. "Esa no puede ser la voz de Dios. ¡Él no querría que yo tuviera esto! ¡Aguijón, vete, en el nombre de Jesús!". Pero nada cambia.

"No aceptaré esto", resuelve Pablo antes de decidir que es hora de traer a sus guerreros de oración. Después de atar y reprender a todos los espíritus que pueden nombrar, Pablo escucha una vez más una voz celestial y serena.

—*Gracia.*

Sí, puse muchas palabras en la mente y la boca de Pablo. O tal vez me proyecté en él. La Escritura solo nos da un vistazo de su intercambio con Dios, pero estoy seguro de que duró más de un instante y estuvo acompañado por mucha emoción, frustración y confusión.

Como seres humanos, deseamos erradicar todo obstáculo de nuestras vidas, todo lo que sea doloroso y todo lo que sea anormal. Eso es natural. Y mientras no nos esforcemos por arreglarnos a nosotros mismos para obtener algo de Dios, creo que es correcto, incluso hasta es sabio intentarlo. Pero la mayoría de las veces, la respuesta de Dios a nuestros esfuerzos y oraciones más fervientes es la misma que le dio a Pablo: "Mi gracia es todo lo que necesitas; mi poder actúa mejor en la debilidad".

Sé que gracia es una de esas palabras que suenan inspiradoras, pero muchas veces no sabemos qué hacer con ella. Si ese es tu caso, que no sabes qué hacer con la gracia, estás en el camino correcto. Como hemos visto a lo largo de este libro, la gracia no se trata de lo que haces. Es la aceptación y la aprobación de Dios a pesar de lo que hagas. Como creyente, no tienes que esforzarte por poseer aceptación y aprobación, porque ya las tienes en Cristo. Gracia significa que estás bien con Dios, incluso en tus debilidades. La confianza en esa verdad le quita la sustancia a las acusaciones del enemigo. Eso es suficientemente grande.

La gracia, sin embargo, también es el empoderamiento de Dios a pesar de tu falta de poder. Es mostrarte y rendirte a Dios tal como eres, y luego verlo obrar a través de lo que eres. Esta es la opción de abrazar o acoger la debilidad, y es a lo que Pablo finalmente llegó. Incluso llegó al punto de jactarse: "Es por esto que me deleito en mis debilidades" (v. 10). Eso puede lucir extraño para ti, pero después de aterrizar en el mismo lugar, puedo atestiguar que hay una libertad asombrosa, incluso una ventaja, que proviene de abrazar tus debilidades en vez de intentar arreglarlas para siempre. Hacia el final de este capítulo, llegaremos a cómo se ve eso.

¿Te sientes insatisfecho con el enfoque de uno u otro método? Yo sí. El método de reparar la debilidad no siempre es saludable, ni es del todo posible. Y en algunos casos, la opción de aceptarla puede ser más perjudicial que útil. ¿Deberías simplemente conformarte con cosas como las adicciones y otros comportamientos destructivos? Esa tampoco puede ser la voluntad de Dios.

Mientras buscaba sabiduría sobre cómo aconsejar a alguien que estaba luchando, me topé con una solución mucho más satisfactoria que las opciones mencionadas. Está oculta a simple vista en la conclusión de Pablo sobre su aguijón en la carne: "Porque cuando soy débil, entonces soy fuerte" (v. 10).

¿La ves? No hice eso hasta hace poco. Por años, de alguna manera, siempre leí mal este versículo, lo interpreté así: *"Porque cuando yo soy débil, entonces él es fuerte"*. Aun cuando eso es cierto, esas no son las palabras de Pablo. Lo que él dijo fue: *"Cuando soy débil, entonces soy fuerte"*.[1]

En las dos declaraciones de Pablo cuando dice: "soy", puedes encontrar la respuesta en cuanto a qué hacer con tus debilidades. No siempre es debilidad o fuerza, sino debilidad y fuerza: abrazar y arreglar. En ese orden.

En vez de salir corriendo, como hice yo en los primeros días de mi fe, e intentar usar todos los principios espirituales del libro para arreglarte a ti mismo, comienza por percatarte de que es correcto tener imperfecciones. Tus debilidades no cambian nada en cuanto a lo que Dios te ama. Unas, sin embargo, podrían interponerse en el camino de cuánto amas a Dios. Algunas pueden resultar en dolor y pena que no tienes que combatir. Otras podrían exponerte innecesariamente a los ataques del enemigo.

Si ese es el caso, entonces con las herramientas, los recursos y el poder que Dios proporciona a través de la gracia, intenta lo que quieras para cambiar. Memoriza esos versículos de las Escrituras. Avanza así de rápido. Continúa a través de los doce pasos hacia la liberación. Luego déjale los resultados a él, sabiendo que pase lo que pase, sigues siendo su hijo, su deleite y su obra maestra.

¿Te parece todo eso más claro de lo que esperabas? ¿Quizás esté algo desordenado? Así es la vida cristiana. Rara vez hay una solución única para cualquier cosa. Parte de tu travesía es trabajar con Dios para encontrar lo que es correcto para ti. Hablemos de eso.

## Encuentra tu solución

Al indicar que debes encontrar lo que es correcto para ti, no quiero decir que la verdad sea diferente para diversas personas. Lo que quiero decir es que una debilidad que Dios repara en una persona, es posible que él le pida a otra que la acepte. No es porque Dios quiera que alguien sufra, sino porque una debilidad podría abrir oportunidades que no estarían disponibles sin su presencia. Si eso te da que pensar, quédate conmigo. Lo que voy a decir desde ahora hasta el final del capítulo lo explicará.

Para empezar, muchas de las cualidades que creemos que son imperfecciones son parte de nuestro diseño. Dios no va a cambiar algo que creó en primer lugar, independientemente de cuán excluido te haga sentir. Toma mi tipo de personalidad natural, por ejemplo. Te dije que por años trabajé arduamente para cambiarla a través de la oración, de ejercicios y de liberación. Creo que una vez incluso hasta le ordené: "¡Introversión, vete en el nombre de Jesús!". ¡Estaba seguro de que mi conducta tranquila era del diablo!

¿De dónde saqué esa idea? No fue de las Escrituras. La obtuve de una cultura que celebra la extroversión. La deduje de las expectativas de los demás. La saqué del dolor del

206 ¡CÁLLATE, D̶I̶A̶B̶L̶O̶!

rechazo que a veces sufría a causa de la debilidad. Sin embargo, ser introvertido es el diseño que Dios hizo para mí. Observa las historias de muchos de tus héroes bíblicos favoritos y verás que sus diseños no siempre hacen que alguien sea popular. Pero hasta que sepas mejor o escuches a Dios, es fácil confundir eso con defectos. Puedes estar luchando para cambiar cosas que Dios no está interesado en modificar. Aun así, es posible que necesiten ser refinadas. En nuestro mundo caído, incluso los diseños de Dios se rompen. Cada don tiene vulnerabilidades que pueden ser explotadas por el enemigo. Hablando de los tipos de personalidad, los introvertidos pueden ser propensos al aislamiento o a la ansiedad social, mientras que los extrovertidos pueden ser proclives a una necesidad poco saludable de aceptación.[2]

En mi caso, la extrema timidez de mi infancia no era lo que Dios deseaba. Así que, cuando comencé a aprender sobre mi identidad en Cristo, discerní lo que necesitaba abordar y lo que necesitaba abrazar. Con la ayuda de Dios, tomé medidas para deshacerme del miedo y crecer en confianza. Pero sigo siendo introvertido.

Tal vez te estés preguntando: "¿Qué pasa con los comportamientos pecaminosos que claramente no son diseño de Dios?". La verdad es que lidiar con el pecado de una manera duradera también es un proceso personalizado que ocurre a través de la relación con Dios. Él proporciona el empoderamiento, el estímulo y los pasos que debes dar en el momento adecuado. Haz tu parte, por supuesto, para limitar la influencia del pecado en tu vida. Esta no es una excusa para ser perezoso, pero debes saber que la carga de luchar contra el pecado no es solo tuya. Es una asociación con la gracia: ella para darte la fuerza que no tienes naturalmente y la gracia para levantarte cuando caigas.

Insisto, complicado. Aun cuando no puedo darte una fórmula infalible para saber exactamente qué arreglar, qué aceptar y cómo hacerlo, puedo ofrecerte una oración para ayudarte a iniciar el proceso.

*Padre, ayúdame a saber por qué luchar y qué abandonar. Si es tu voluntad eliminar esta debilidad en mí, dame la gracia para hacer lo que debo y ayúdame a confiar en ti para hacer lo que no puedo. Pero si es para abrazarla, entonces te pido que me capacites con tu gracia para obedecerte. Sea cual sea tu plan, Señor, que nada me avergüence ni me limite. En el nombre de Jesús, amén.*

## ▌ Dios te está llamando

Cualquiera que sea el plan de Dios, estás calificado para lo que Dios te ha llamado en esta temporada. Pienso en Gedeón, en el Antiguo Testamento. Vivió en una época en que el pueblo de Dios estaba rodeado y aterrorizado por los enemigos conocidos como los madianitas. Gedeón no era alguien que tuviera agallas. De hecho, estaba tan intimidado por ellos que hizo su trabajo escondido dentro de un pozo subterráneo.

Para su sorpresa, justo en el lugar en el que temía, el Señor se apareció y lo llamó: "¡El Señor está contigo, guerrero valiente!" (Jueces 6:12). Gedeón debe haberse reído: "Sí, claro". No había nada heroico en su situación.

Sin embargo, Dios no estaba bromeando. Así que le ordenó: "Ve con la fuerza que tienes, y salvarás a Israel del poder de Madián. Yo soy quien te envía" (v. 14).

En una respuesta que recuerda notablemente a Moisés, Gedeón se atrevió a preguntarle al Señor: "¿Cómo puedo rescatar a Israel? "Mi clan es el más débil de la tribu de Manasés, y yo soy el más insignificante de mi familia" (v. 15)

Te sugiero que leas la historia pero, en resumen, después de algunas pruebas para asegurarse de que realmente había escuchado de Dios, Gedeón obedeció. Como haríamos la mayoría de nosotros, primero trató de arreglar su debilidad. Formó un enorme ejército de 32.000 guerreros. Pero después de algunas idas y venidas con el Señor, se quedó con solo trescientos hombres. Entonces, sí, Gedeón se fortaleció para asumir la tarea asignada por Dios, pero sobre todo tuvo que aceptar su debilidad y dejar que la gracia de Dios hiciera el trabajo.

Como probablemente hayas adivinado, la solución personalizada de Dios tuvo éxito. Gedeón y su ejército súper pequeño conquistaron a sus enemigos. No lucharon en la forma habitual, con jabalinas, lanzas y espadas. Lucharon con cuernos de carnero y vasijas de barro.

El punto del ejemplo de Gedeón es este: Dios no considera las cualidades de una persona para determinar si está calificada para lo que él le encomienda. En lo natural, Gedeón estaba lejos de ser poderoso, y mucho menos un héroe. Dios lo sabía. Dado que los problemas de la vida de Gedeón no sorprendieron a Dios, no fueron un factor relevante en su decisión de usar a Gedeón. Es por eso que Dios no dijo: "Avísame cuando estés lo suficientemente preparado o listo". El llamado de Dios no tenía que ver con que Gedeón fuera capaz de nada. No, él dijo: "Ve con la fuerza que tienes... Yo te envío" (v. 14).

Escúchalo. Dios no está esperando que venzas cada debilidad antes de que seas lo suficientemente bueno para que te use. Él dice, en cambio: "Usa lo que eres y lo que tienes. Yo compensaré la diferencia". Incluso con todas tus peculiares cualidades, Dios te envía. Con todas tus faltas y fracasos, Dios te está enviando. Con todas tus imperfecciones, Dios te está enviando. En él, estás equipado para cualquier cosa que te pida que hagas.

## El propósito de tus imperfecciones

La obediencia de Gedeón a Dios cuando aún era débil lo colocó en lo que se conoce como el Salón de la Fama de la fe (ver Hebreos 11). Es una especie de "Quién es quién" entre las personas imperfectas que lograron hazañas extraordinarias. No hicieron eso a pesar de sus debilidades, sino debido a ellas. Después de hacer una crónica de personas como Noé, Abraham, Rahab y David, el autor de Hebreos concluye: "Por la fe esas personas conquistaron reinos, gobernaron con justicia y recibieron lo que Dios les había prometido. Cerraron bocas de leones, apagaron llamas de fuego y escaparon de morir a filo de espada. Su debilidad se convirtió en fortaleza" (Hebreos 11:33-34 NTV). Debo enfatizar esa última línea, "Su debilidad se convirtió en fortaleza". Eso no significa que la debilidad haya sido reemplazada por la fuerza. Significa que la misma debilidad se convirtió en fortaleza. ¿Luce eso inverosímil o imposible en tus circunstancias? ¿Estás convencido de que no hay forma de que lo que luchas pueda ser algo de valor? No tan rápido. Tanto las Escrituras como la historia están llenas de personas cuyas debilidades, cuando recibieron el poder de la gracia, se convirtieron en su injusta ventaja. Se podría escribir un libro entero sobre eso. Pero aquí hay al menos algunas de las formas en que esto se ve.

### La debilidad puede llevarte a hacer un gran impacto en los demás.

Toda su vida, un amigo mío luchó contra el Trastorno por Déficit de Atención e Hiperactividad (TDAH). Su familia lo apodó Tigger (como el de Winnie the Pooh) por lo mucho que rebotaba tanto en su cuerpo como en su mente. No fue diagnosticado oficialmente hasta después de la universidad. Es por eso que, después de que mi amigo intentó hacer un trabajo de clase, uno de sus profesores le preguntó sin rodeos: "¿Tienes alguna discapacidad de aprendizaje?".

No es sorprendente que las palabras sinceras de su profesor resaltaran aún más lo que él ya creía que lo descalificaba en su aspiración de ser maestro de escuela secundaria. Así que comenzó a tomar medicamentos, lo que lo ayudó a concentrarse, pero no lo suficiente como para poder crear planes de lecciones coherentes, y mucho menos seguirlos.

Sin embargo, en su debilidad, se convirtió en maestro del año en su distrito escolar. Como ves, la debilidad que aun le otorgaba bajas calificaciones en la planificación y organización de las lecciones también fue lo que lo convirtió en un maestro creativo y listo al que los estudiantes aman y respetan.

Estoy convencido de que mi amigo no hubiera tenido un impacto tan grande sin su supuesta debilidad. Y no es el único al que le sucede eso. La historia está llena de relatos similares de aquellos cuyas debilidades y fracasos los llevaron a una oportunidad que nunca habrían tenido sin ella. Pienso en cómo Thomas Edison llegó a inventar la bombilla. O cómo Oprah encontró su pasión por las entrevistas. A la manera de Dios, a menudo son las mismas cosas que pensamos que nos limitan las que se convierten en las que nos hacen más exitosos.

**La debilidad puede crear una conexión y compasión para ayudar a los demás.**

He oído decir que donde la serpiente te ha mordido es donde tienes tu mayor autoridad. Lo que eso significa es que tus luchas revelan las áreas en las que puedes ayudar más a los demás.

Hay dos razones para ello. Primero, en la mente de la mayoría de las personas, la experiencia es lo que le da a alguien la credibilidad para hablar sobre un tema. En este momento, nadie me escuchará acerca de cómo criar a los niños. Solo tengo teoría sin experiencia real. Pero en el tema de la inseguridad, bueno, hablo con mucha experiencia al respecto. Por eso llegaste tan lejos en este libro. Confío en que mis historias crearon una conexión contigo. Estoy seguro de que sucede lo mismo con los otros libros que lees o los podcasts que escuchas. ¿No son los más útiles y conmovedores creados por personas que comparten desde los pozos profundos por lo que han pasado?

No estoy sugiriendo que debas exponer tus debilidades a todos, pero ser capaz de hablar a partir de la experiencia y con vulnerabilidad te conecta de una manera que lleva tus palabras más allá de la mente de las personas y hasta sus corazones.

En segundo lugar, la debilidad proporciona una compasión que a menudo obliga a las personas a ayudar a los demás. Quizás el mayor ejemplo sea el de Jesús. Él no era débil en el sentido de que hizo algo errado, pero las Escrituras dicen que fue: "Nuestro Sumo Sacerdote [porque] comprende nuestras debilidades, porque enfrentó todas y cada una de las pruebas que enfrentamos nosotros, sin embargo, él nunca pecó" (Hebreos 4:15). Jesús entendió lo que es estar hambriento, enojado, tentado, ser traicionado, criticado y mucho más. Eso nos acerca a él aún más. También creó una compasión en él por la difícil situación del ser humano. Vemos el resultado de eso en la historia de Jesús cuando alimentó a los cinco mil. Cuando vio la multitud de personas quebrantadas y desesperadas, la compasión surgió en él. Eso lo obligó a ayudarlos (ver Mateo 14:14).

En definitiva, no soy Jesús, pero he experimentado el efecto similar de obtener compasión de la debilidad. Después de que comencé a abrazar y comprender la gracia de Dios en mi propio quebrantamiento, empecé a extender la gracia de Dios por el quebrantamiento de los demás. No puedo sobrestimar cómo eso nos ha ayudado a mí y a otros. Por un lado, me resulta más fácil perdonar porque sé lo que me han perdonado. También tengo una visión significativamente más profunda que trae vida en lugar de legalismo a mi enseñanza y consejo. Y aunque no soy perfecto en eso, cuando veo a las personas como seres humanos heridos, tengo mucha más misericordia y paciencia para los desafíos y contratiempos de sus situaciones. Sin duda, mis debilidades hacen que mi ministerio sea mucho más efectivo que si no las tuviera. Las tuyas pueden hacer lo mismo, si decides dejar que Dios te use.

### La debilidad puede mostrar la realidad del poder y la bondad de Dios.

Hace algunos años, mientras luchaba con la razón por la cual Pablo prefería jactarse de su debilidad por encima de las experiencias milagrosas, el Señor me dijo algunas palabras extrañas.

Me dijo: *Mi gracia en la debilidad es tan milagrosa como la eliminación de la debilidad.*

"¿Como puede ser eso?", cuestioné. "¿Qué tiene de milagroso algo que no cambia?". Su respuesta es lo que modificó para siempre mis pensamientos sobre la debilidad, incluso las batallas. Y resume adecuadamente el mensaje de este libro.

*La gracia es el milagro de mi presencia sosteniendo la fragilidad humana con una fuerza que presiona a través de lo que el enemigo pretendía someter.*

Es posible que debas reflexionar sobre eso durante unos minutos, como lo hice yo. Como ves, si piensas en las historias que a menudo mostramos, casi siempre son aquellas que reflejan un cambio de 180 grados, sanidad o liberación. Y aunque no estoy minimizando ese tipo de experiencias, ¿sabes cuáles suelen ser más útiles para las personas? Las historias de los que se mantienen fieles a Dios en medio de las dificultades que no desaparecen. Personas como Gedeón y Moisés, que perseveran en la debilidad y que muestran esperanza a otras personas imperfectas. Personas que nos demuestran que sus problemas no tienen por qué definirlos, limitarlos o descalificarlos. Personas que, esencialmente, dicen: "El mismo Dios que me sostiene a mí, también te sustentará a ti". Para mí, ese es un mensaje mucho más alentador y comprensible que las historias sobre obstáculos que se eliminan repentinamente. Creo que es por eso que Pablo decidió: "Solo me gloriaré en mis debilidades" (2 Corintios 12:5).

Por favor, comprende que, aun cuando Dios no es creador de las imperfecciones, es el redentor de ellas. Y si se lo permites, reutilizará lo que sea que enfrentes en algo que haga que el diablo se arrepienta del día en que se metió contigo. Él usará tu vida como una ilustración viva del hecho de que todas las cosas pueden obrar para bien. Confía en mí, no hay nada más satisfactorio que eso. Y no hay nada para lo que estés más calificado. Para eso, Dios no necesita tu fuerza. Solo necesita tu rendición.

## Tu victoria definitiva

Al llegar al final, permite que te lleve de vuelta a lo que dije en la primera parte de este libro. Hacer callar al diablo no significa que, de alguna manera, le impidas hablar. Te puedo asegurar que el enemigo volverá, de vez en cuando, con sus mentiras calumniosas. Y continuará usando todas las formas en que eres quebrantado e imperfecto como la sustancia de ellas. Eso es todo lo que él tiene.

Sin embargo ahora, cuando lo haga, no tienes que sumergirte en la desesperación ni en juegos mentales interminables. Ahora sabes que es verdad que la victoria no significa ausencia de debilidad, lucha ni dificultad. No, la victoria final es saber que ninguno de esos problemas te define. Es la confianza de que la Palabra de Dios es más real que cómo te sientas, qué temas o las formas en que falles.

Amigo mío, eres un hijo de Dios meticulosamente hecho a mano a su imagen, aceptado y apartado en Cristo para un propósito único que solo tú puedes cumplir. A partir de este momento, en tu mente, con tu boca y con todo tu corazón, no retrocedas nunca ante la magnitud de todo lo que esto significa para ti. Porque nada calla más al diablo y tus batallas que la certeza de que por gracia:

Eres amado.
Tienes razón.
Estás completo.
Eres valioso.
Eres lo suficientemente bueno.

## ¡Háblalo!

No soy descalificado por mis imperfecciones, las debilidades que poseo ni las batallas que enfrento. La gracia de Dios me califica y me empodera para cumplir sus planes. En Cristo, soy amado, tengo razón, soy completo, soy valioso y soy lo suficientemente bueno.

## Preguntas de reflexión

1. Medita en las cualidades que consideras imperfecciones o debilidades. ¿Cómo las ha usado el enemigo para avergonzarte o limitarte?
2. ¿En qué debilidad sientes que Dios está diciendo abrázala y no arréglala? ¿En qué debilidad sientes que él te pide que luches por el cambio? ¿Por qué?
3. ¿De qué manera te llevó una debilidad a hacer algo que terminó teniendo más impacto con ella que sin ella?
4. ¿Cómo podría Dios usar la historia de tu debilidad para ofrecer esperanza y aliento a otros?
5. Al reflexionar sobre todo lo que descubriste en este libro, ¿cuál es tu mayor aprendizaje? ¿Cómo influirá eso en tu vida?

# Notas

## Capítulo 1 El calumniador

1. Editorial Team, "How Fast Can a Lion Run?", Africa Freak, August 2019, https://africafreak.com.

2. Strong's Concordance, "1228. Diabolos", Bible Hub, www.biblehub.com.

3. "Slander", Lexico, 2021, www.lexico.com.

4. Brendan D'mello, "What Makes a Lion's Roar So Loud and Intimidating?", Science ABC, February 2021, www.scienceabc.com.

5. "Predatory Behaviour", Lion Alert, January 2020, https://lionalert.org.

6. La fuente de esta cita no se puede verificar porque ha sido atribuida a muchas personas a lo largo de la historia. Para una discusión sobre ella cita, ver "Watch Your Thoughts", Quote Investigator, January 2013, https://quoteinvestigator.com.

## Capítulo 2 La estrategia secreta contra tu mente

1. Strong's Concordance, "3053. Logismos", Bible Hub, www./biblehub.com.

## Capítulo 3 Domina tu mente

1. Julie Bartucca, "The Most Complicated Object in the Universe", UConn Today, March 2018, https://today.uconn.edu.

2. Kendra Cherry, "How Experience Changes Brain Plasticity", Very Well Mind, February 2021, www.huffpost.com.

3. Debbie Hampton, "The 10 Fundamentals of Rewiring Your Brain", HuffPost, June 2016, www.huffpost.com.

4. Thai Nguyen, "10 Proven Ways to Grow Your Brain: Neurogenesis and Neuroplasticity", HuffPost, June 2016, www.huffpost.com.

5. Dr. Jun Lin and Dr. James Tsai, "The Optic Nerve and Its Visual Link to the Brain", DiscoveryEye.org, March 2015, https://discoveryeye.org.

6. Jill Suttie, "How to Overcome Your Brain's Fixation on Bad Things", Greater Good Magazine, January, 2020, https://greatergood.berkeley.edu.

7. "Metamorphoo", BibleStudyTools.com, 2021, www.biblestudytools.com.

8. Fit4D, "The Neuroscience of Behavior Change", StartUp Health, August 2017, http://healthtransformer.co.

## Capítulo 4 La conexión mente-boca

1. Eugene E. Carpenter and Philip W. Comfort, "Meditate", Holman Treasury of Key Bible Words: 200 Greek and 200 Hebrew Words Defined and Explained (Broadman and Holman).

2. Jeremy Thompson, "Heart", Bible Sense Lexicon: Dataset Documentation (Faithlife).

3. Fit4D, "The Neuroscience of Behavior Change", StartUp Health, August 2017, https://healthtrasnfromer.co.

4. Andrew Newberg and Mark Waldman, "Why This Word Is So Dangerous to Say or Hear", Psychology Today, August, 2012, www.psychologytoday.com.

5. Therese J. Borchard, "Words Can Change Your Brain", Psych Central, January 2018, https://psychcentral.com.

6. Borchard, "Words Can Change Your Brain."

7. L. Manfra et al., "Preschoolers' Motor and Verbal Self-Control Strategies during a Resistant-to-Temptation Task", PubMed.gov, August 2014, https://pubmed.ncbi.nlm.nih.gov/25175682/.

8. A. Latinjak et al., "Goal-Directed Self-Talk Used to Self-Regulate in Male Basketball Competitions", PubMed.gov, June 2019, https://pubmed.ncbi.nlm.nih.gov/30616448/.

9. P. Wallace et al., "Effects of Motivational Self-Talk on Endurance and Cognitive Performance in the Heat", PubMed.gov, January 2017, https://pubmed.ncbi.nlm.nih.gov/27580154/.

## Capítulo 5. MENTIRA: "Aún eres un pecador terrible"

1. "Regeneration", New Oxford American Dictionary (Oxford Univ. Press).

2. Este curso se titula Armadura de Dios y se puede encontrar en www.armorofgodstudy.com.

3. "Consider", Merriam-Webster, 2021, www.merriam-webster.com.

## Capítulo 6. MENTIRA: "Dios te está castigando"

1. Robert Jamieson et al., A Commentary, Critical and Explanatory, on the Old and New Testaments, 1 Jn 3:4 (Logos Research Systems).

## Capítulo 8. MENTIRA: "Eres imperdonable"

1. "The Law", BibleProject, 2021, https://bibleproject.com/learn/the-law/.

## Capítulo 9. MENTIRA: "Deberías tener miedo"

1. Rebecca Stanborough, "Understanding and Overcoming Fear of the Unknown", Healthline, July 2020, www.healthline.com.

2. Seth J. Gillihan, "How Often Do Your Worries Actually Come True?" Psychology Today, July 2019, www.psychologytoday.com.

3. Josh Steimle, "14 Ways to Conquer Fear", *Forbes*, January 2016, www.forbes.com.

4. Walter Knight, "Don't Focus on Your Worries", *Ministry 127*, 2021, https://ministry127.com.

### Capítulo 10. MENTIRA: "No perteneces a nada"

1. Neel Burton, "Our Hierarchy of Needs", *Psychology Today*, May 2012, www.psychologytoday.com.

2. Kelly Flanagan, Loveable (Zondervan).

3. Dr. David DeWitt, "What Color Was Adam?" Answers in Genesis, February 2021, https://answersingenesis.org.

4. "Quotes of Michaelangelo", Michaelangelo.org, www.michelangelo.org.

### Capítulo 11. MENTIRA: "Tienes que ser como otra persona"

1. Gigen Mammoser, "The FOMO Is Real: How Social Media Increases Depression and Loneliness", Healthline, December 2018, www.healthline.com.

2. Jacqueline Howard, "Americans Devote More Than 10 Hours a Day to Screen Time, and Growing", CNN, July 2016, www.cnn.com.

3. Kristen Fuller, MD, "Social Media Breaks and Why They are Necessary", Psychology Today, July 2019, www.psychologytoday.com.

4. "Success", Webster's Dictionary 1828, February 2020, http://webstersdictionary1828.com.

5. "Success", Merriam-Webster, 2021, www.merriam-webster.com.

### Capítulo 12. MENTIRA: "No tienes propósito alguno"

1. Anne Lamott, Bird by Bird (Bantam Doubleday Dell).

### Capítulo 13. MENTIRA: "Eres un fracaso"

1. NCC Staff, "Benjamin Franklin's Last Great Quote and the Constitution", Constitution Center, November 2020, https://constitutioncenter.org.

2. "Birthright", Bible Study Tools, 2021, www.biblestudytools.com.

3. "Blessing", Bible Study Tools, 2021, www.biblestudytools.com.

### Capítulo 14. MENTIRA: "Estás descalificado"

1. Para obtener más información sobre esto, recomiendo altamente el libro del pastor Steven Furtick, *(Un)qualified: How God Uses Broken People to Do Big Things* (Multnomah).

2. Philip Cobb, "The 6 Biggest Drawbacks to Being an Extrovert", Inc.com, May 2017, www.inc.co.

Kyle Winkler es un maestro bíblico experto y creador de la popular aplicación móvil *Shut Up, Devil!* Es conocido por sus mensajes sensibles, pero audaces, que se han compartido en plataformas y medios de todo el mundo, incluidos Praise The Lord de TBN, It's Supernatural! de Sid Roth, 700 Club Interactive, The Blaze y muchos más. Para llegar a ese punto, sin embargo, tuvo que superar profundas heridas de rechazo, vergüenza e inseguridad. Con la gracia de Dios, venció todo ello. Por eso le apasiona tanto ayudar a otros a triunfar en sus propias luchas. Kyle tiene una maestría en divinidad en estudios bíblicos de la Universidad Regent. Reside en el centro de Florida.

Si quieres que Kyle participe en tu iglesia o en un evento, escribe a su correo electrónico:
scheduling@kylewinkler.org

Conéctate con Kyle en
kylewinkler.org

f @kylewinklerministries
▶ @kylewinklerministries
⊙ @kylejwinkler
🐦 @kylewinkler

*Para vivir la Palabra*

www.casacreacion.com

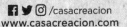

Te invitamos a que visites nuestra página web, donde podrás apreciar la pasión por la publicación de libros y Biblias:

**www.casacreacion.com**

f @CASACREACION

@CASACREACION

@CASACREACION

*Para vivir la Palabra*